Die Gestalt des Pilgers verbindet die Religionen dieser Erde.

Abtprimas Notker Wolf

Helfried und Renate Weyer

OLAVSWEG

Pilgern in Norwegen

Cultural Route des Europarates

Tecklenborg Verlag

To the Pilgrim

Set out! You were born for the road. Set out! You have a meeting to keep. Where? With whom? Perhaps with yourself?

Set out! Your steps will be your words – the road your song, the weariness your prayers. And at the end your silence will speak to you.

Set out! Alone ore with others – but get out of yourself! You have created rivals – you will find companions. You will find brothers and sisters.

Set out! Your head does not know where your feet are leading your heart. Set out! Your were born for the road – the pilgrims road.

Someone is coming to meet you – is seeking you in the shine at the end of the road – in the shine at the depths of your heart.

He is your peace! He is your joy! Go! God already walks with you!

An den Pilger

Brich auf! Du bist für den Weg geboren. Brich auf! Du hast ein Treffen einzuhalten. Wo? Mit wem? Vielleicht mit dir selbst?

Brich auf! Deine Schritte werden deine Worte sein, der Weg dein Lied, die Müdigkeit deine Gebete. Und am Ende wird deine Stille zu dir sprechen.

Brich auf! Alleine oder mit anderen. Aber komm heraus aus dir selbst! Du hast Rivalen geschaffen, du wirst Begleiter finden, Brüder und Schwestern.

Brich auf! Dein Kopf weiß nicht, wohin deine Füße dein Herz führen. Brich auf! Du bist für den Weg geboren – den Pilgerweg.

Jemand ist unterwegs, dich zu treffen, sucht dich im Heiligtum am Ende des Weges, im Heiligtum in der Tiefe deines Herzens.

Er ist dein Friede. Er ist deine Freude. Geh! Gott ist schon mit dir unterwegs.

Anonymer Autor im Kloster Lluc, Mallorca. Deutsche Übersetzung: Bernd Lohse, Hamburg.

Der Olavsweg im Hochwald über dem Gudbrandsdal.

Inhalt

Vorwort von Franz Alt
Glücksgefühle im Pilgerhimmel

Der Olavsweg ist auch gelebte Ökumene. Hier pilgert der katholische Fernsehjournalist und Bestsellerautor Franz Alt (l.) zusammen mit dem evangelischen Pilgerpastor Bernd Lohse über das Dovrefjell.

Pilgern, so sagt ein norwegischer Pilgerpastor, ist ein Weg nach Hause, zum Ursprünglichen, zu den Wurzeln, zu sich selbst, zu meinem Selbst. Ein Weg nach innen. Vielleicht auch ein Weg zur ewigen Heimat. Nach dem Grund seines Glaubens gefragt, hat Heinrich Böll gesagt: „Weil wir auf dieser Erde nicht ganz zu Hause sind." Der Weg der Wahrheit führt immer nach innen. Aber muss ich mit 72 Jahren noch pilgern? In Jugendherbergen und Gemeindehäusern schlafen, in Schlafsäcken und auf Isomatten liegen? Und was soll ich als Pazifist mit diesem seltsamen Heiligen, dem norwegischen König Olav, anfangen, der ein Krieger war und Menschen tötete, selbst in einer Schlacht im Jahr 1030 fiel, aber schon ein Jahr später heiliggesprochen wurde? Am Anfang war also der Zweifel.

Die Antworten auf meine Fragen finden Sie in diesem wundervollen Buch. Wir, das sind Renate und Helfried Weyer, unser Pilgerpastor Bernd Lohse, meine Frau Bigi, zehn weitere Pilger und ich, erlebten unvergessliche Glücksgefühle im „Pilgerhimmel". Wir liefen durch Moos- und Moor-, durch Garten- und Steinlandschaften, durch dunkle Urwälder und über Felsen ohne Strauch und Baum. Bewegung bringt Erfahrung.

Unsere Begeisterung fürs Pilgern wuchs von Tag zu Tag. Pilgern ist mehr als Wandern. Pilgern verändert jeden. Es kann geschehen, dass unterwegs bei Sonne oder Regen, bei Wind und Wetter, die Seele genährt wird: Beim Schweigen oder Beten, beim Singen oder Gehen, bei Gesprächen oder bei der Feier des Abendmahls und beim Lesen alter Glaubensgeschichten in der Bibel. Und es kann passieren, dass auch kirchenferne Menschen anfangen, religiöse Lieder zu singen. Pilgern schafft Raum für die Begegnung mit Gott. Die Natur hat die Kraft zu heilen und zu helfen. Wandern und Wandlung haben in unserer Sprache dieselbe Wurzel. Wer wandert wandelt sich mit jedem Schritt.

Pilgern ist populär geworden. Auf dem Olavsweg waren wir noch wenige. Aber im selben Jahr 2010 sollen eine halbe Million Menschen unterwegs auf dem Jakobsweg gewesen sein. Da entsteht eine neue Graswurzelbewegung, eine „Out-Door"-Theologie und eine Elementarreligion, wie sie in allen Kulturen überlebt hat: Bei den Maoris in Neuseeland, den Aborigines in Australien, den Indianern in beiden Amerikas und bei den Schamanen in Sibirien. Bei den Taoisten in Ostasien führt der „Weg des Maßes" (Tao) in andere Dimensionen. Die Beduinen sagen: „In der Wüste findest Du nichts außer Dich selbst. Denn die Wege der Weisheit führen durch die Wüste."

Gemeinsam ist das Wissen, dass Gott sich in seiner Schöpfung manifestiert. Die indischen Upanischaden sagen es so: „Gott schläft in den Steinen, träumt in Tieren, atmet in Pflanzen und erwacht in Menschen."

Albert Schweitzer nennt dasselbe Empfinden von Religion: „Ehrfurcht vor allem Leben." Was hat die Welt heute nötiger als diese Überlebenshilfe durch die alten religiösen Weisheiten. Nur solche Kulturen werden eine Überlebenschance haben, welche die Natur als ihre Basis anerkennen.

Pilgern ist in allen Kulturen schon seit Jahrtausenden eine wichtige Erfahrung spirituellen Lebens. Pilgerwege sind schon lange auch europäische Wege. Hier entstand im Mittelalter die Idee eines friedlich vereinten Europa. Jerusalem, Rom, Santiago de Compostela und in Norwegen der lange vergessene Olavsweg sind die klassischen christlichen Pilgerwege, während Muslime nach Mekka pilgern, Hindus zum Ganges und Buddhisten zum heiligen Berg Kailas reisen.

Zu Jesu Zeiten wanderten die Jünger mit ihrem Meister durch Obergaliläa: Das war schon damals keine Flucht vor der Wirklichkeit, sondern das Erleben einer tieferen Wirklichkeit. Wege (großgeschrieben) und weg (kleingeschrieben wie „Ich bin dann mal weg") sind dasselbe Wort. In Europa sollen im Mittelalter 30 % der Christen bei Wallfahrten gewandert sein. Heute erleben wir – wie dieses Buch in eindrucksvoller Weise belegt – eine Renaissance des Pilgerns. Renate und Helfried Weyer zeigen in diesem ersten großen Werk über den Olavsweg, dass diese neue alte Form, dem Glauben Beine zu machen, Zukunft hat.

Und der seltsame Heilige, König Olav? Er gilt heute als der Ur-König Norwegens und als Märtyrer. Er legte die Wurzeln für das Christentum bei unseren nördlichen Nachbarn. Bei seinem Tod und nach seinem Tod passierten unerklärliche Wunder. Gottes Wege sind eben unerforschlich. Er schreibt gerade auch auf krummen Zeilen. Die Kirche wird wieder eine pilgernde, fragende und suchende oder es wird keine Kirche mehr geben. Pilgern lehrt das Staunen, die Verzauberung und das Abenteuer, die Welt wieder neu zu sehen. Auf diesem 1.000 Jahre alten Olavsweg haben wir die Natur Mittelnorwegens als grüne Kathedrale Gottes erfahren dürfen. Sie zeigt uns auf einmalige Weise die Schönheit des Schöpfers und die Wunder des Lebens.

„Was vor uns liegt und was hinter uns liegt sind Winzigkeiten im Vergleich zu dem, was in uns ist." (Oliver Weel Holmes) Pilger pilgern nicht, um Neues zu erleben, sondern um neu zu werden.

Am Ende ist Dankbarkeit – auch für dieses spannende Buch.

Franz Alt | www.sonnenseite.com

Prolog – Hundorp

Der Großgrundbesitzer Gudbrand-im-Tal herrschte wie ein König über Gudbrandsdalen. Eines Tages – das war vor etwa 1.000 Jahren – bekam er Nachricht, dass König Olav nach Lom gekommen sei und dort die Leute gegen ihren Willen zwänge, Christen zu werden. Daraufhin rief Gudbrand-im-Tal seine Männer zu einem Thing an einen Ort, der Hundorp heißt und den man zu Land oder zu Wasser leicht erreichen konnte. Vor einer großen Versammlung ergriff der Führer des Tales das Wort: „Nach Lom ist ein Mann namens Olav gekommen, der sich König nennt. Er will uns einen neuen Glauben aufzwingen und unsere Götterbilder zerstören. Olav behauptet, er hätte einen viel größeren und mächtigeren Gott. Ich aber denke, wenn wir Thor aus unserem Tempel heraustragen und hierher bringen, dann wird Olavs neuer Gott dahinschmelzen."

Nach dieser Rede hörte man viel Geschrei und die Männer riefen wütend: „Olav, der sich König nennt, wird sein Erscheinen hier in Gudbrandsdalen mit dem Leben bezahlen!"

Daraufhin suchte Gudbrand-im-Tal achthundertvierzig Männer aus und stellte sie unter das Kommando seines Sohnes, der erst achtzehn Jahre alt war und sich doch schon vollen Respekt verschaffen konnte. Das stattliche Heer zog Olav entschlossen entgegen. Inzwischen hatte der König Sel erreicht. Dort hörte er von Gudbrand-im-Tals Sohn, der ihm mit einem Heer entgegen kam. Olav und seine Leute legten jetzt Waffen an und zogen die Sel-Ebene hinunter nach Süden. In Bredebygden sah er seinen Gegner in Schlachtordnung vor sich stehen. Nun stellte der König auch sein eigenes Heer auf und ritt selbst an der Spitze. Mit kraftvoller Stimmer forderte er die Bauern aus Gudbrandsdalen auf, das Christentum, seit tausend Jahren auf dem Vormarsch, anzunehmen. Die Gegner dachten aber gar nicht daran und schlugen mit den

Waffen drohend gegen ihre Schilde. Daraufhin stürmten die Königsmannen vor, schossen Pfeile ab und warfen Speere. Die Bauern ergriffen erschrocken die Flucht, Gudbrands Sohn geriet in Olavs Gefangenschaft. Aber der König sprach zu ihm: „Geh zurück zu deinem Vater und melde ihm, dass ich sehr bald nach Hundorp kommen werde."

Gudbrand-im-Tal erfuhr durch seinen Sohn von der Schmach und hielt es für klug, nicht mit Olav zu streiten, sondern ihn selbst zum Thing einzuladen. So geschah es.

Olav erschien zum verabredeten Thing und meldete Gudbrand-im-Tal, dass die Leute in Lom und auch in Vaage christlich geworden seien und ihre alten Opferstätten zerstört hätten.

„Sie glauben jetzt an den wahren Gott, der Himmel und Erde geschaffen hat."

„Wir wissen nicht, von wem du redest", entgegnete Gudbrand. „Du nennst den einen Gott, den weder du sehen kannst, noch irgend ein anderer Mann. Wir aber haben einen Gott, den man jederzeit sehen kann, der nur heute nicht aus dem Tempel geschafft werden konnte, weil das Wetter sehr nass ist. Er wird euch furchtbar erscheinen und mächtig, wenn ihr ihn anschaut. Da du aber behauptest, dass dein Gott alles kann, lass ihn doch bewirken, dass es morgen wolkig aber trocken ist. Dann wollen wir uns an dieser Stelle wieder treffen."

Die Männer verabschiedeten sich kühl und doch höflich.

Der König wachte in der folgenden Nacht und betete. Am frühen Morgen ging er wieder zum Thing. Es regnete nicht mehr, aber dichte Wolken hingen über dem Tal.

Olav hatte seinen Bischof mitgebracht und der erzählte vom neuen Glauben und von Wundern, die Gott vollbracht hatte. Aber Gudbrand-im-Tal ließ sich nicht überzeugen und stellte

Diese Steinsäule in Hundorp erinnert an die Christianisierung des Gudbrandsdals. Sie steht genau dort, wo König Olav die Heiden vor 1.000 Jahren während eines Sonnenaufganges überzeugend bekehrt hat.

neue Forderungen: „Wenn dein Gott Wunder vollbringen kann, wie du sagst, dann lass ihn morgen schönes Wetter und Sonnenschein über unser Tal schicken. Wir erwarten euch früh und werden uns dann entweder einigen – oder gegeneinander kämpfen."

Unter Olavs Männern befand sich der besonders starke Kolbein aus dem Fjordgau. In seiner Hand trug er immer eine riesige Keule. Olav befahl Kolbein, sich am nächsten Morgen in seine Nähe zu stellen und zu den anderen Männern sagte der König: „Geht in dieser Nacht leise und unbemerkt zu den Schiffen der Bauern, die sie an das Ufer gezogen haben, und bohrt Löcher hinein. Dann treibt das Zugvieh aus den Ställen, sodass niemand mit Wagen fliehen kann."

Der König betete auch in dieser Nacht. Als er früh zum Thing kam, sah er das große Bildnis des Thor in Menschengestalt mit dem Hammer in der Hand, reich geschmückt mit Gold und Silber. Als Thor zum Thingplatz getragen wurde, sprangen die Bauern hoch und verneigten sich in Ehrfurcht vor dem Götzenbild.

Da stand Gudbrand-im-Tal auf und rief: „Wo ist dein Gott, König Olav? Unseren Gott können alle sehen, euren dagegen nicht!"

Olav drehte sich zu Kolbein und flüsterte: „Ich werde gleich reden und wenn sie ihre Blicke von ihrem falschen Gott abwenden, dann schwinge deine Keule gegen Thor."

Und dann erhob sich der König und sprach mit lauter, klarer Stimme: „Du hältst es für seltsam, dass du unseren Gott nicht sehen kannst. Glaube mir, er wird schon bald hier sein. Dein Gott kann nicht einmal seinen Platz alleine verlassen, er muss von deinen Männern getragen werden. Schaut jetzt alle nach Osten, dort kommt unser Gott in vollem Glanz!"

In diesem Moment schob sich der glühende Sonnenball strahlend hell über die östlichen Bergkuppen. Und Kolbein schwang seine Keule so gewaltig gegen die Götzenfigur, dass Thor in Stücke

sprang. Die Bauern erschraken und flohen entsetzt zu ihren Schiffen. Aber sie konnten mit ihnen nicht fortfahren und auch nicht mit den Wagen, weil keine Zugtiere da waren.

König Olav rief die verängstigten Männer zurück: „Heute gibt es nur zwei Möglichkeiten zwischen euch und mir. Entweder ihr nehmt das Christentum an oder ihr müsst mit uns kämpfen."

Da ergriff Gundbrand-im-Tal wieder das Wort: „Schlimm ist man mit unserem Gott umgegangen. Aber wir sehen, dass er keine Macht hatte, uns zu helfen. Deshalb wollen wir ab heute an den Gott glauben, an den du glaubst und von dem dein Bischof so wundersame Geschichten zu erzählen weiß."

Der Bischof taufte Gudbrand-im-Tal und seinen Sohn und sie schieden an diesem Tag als Freunde. Gudbrand ließ in seinem Tal die erste Kirche bauen.

„Wer hat diese Geschichte aufgeschrieben und überliefert", fragt Renate in Hundorp.

„Es gibt verschiedene alte Quellen, aber die zuverlässigste mit allen hier zitierten Dialogen ist Snorris Königsbuch aus dem 13. Jahrhundert. Der Isländer Snorri Sturluson (1179-1241) war Politiker, Dichter (Skalde) und Historiker. Er hat diese und andere zeitnahe Ereignisse sehr präzise aufgeschrieben und ist vermutlich auch Autor der weltberühmten Prosa-Edda.

Erinnere dich an den Jakobsweg. Dort sind wir täglich Legenden begegnet: Jakobus als Maurentöter in Logroño, dem Hühnerwunder in Santo Domingo und ob der Ritter Roland tatsächlich in Roncesvalles gekämpft hat und dort gefallen ist, weiß niemand mit Bestimmtheit zu sagen. Aber diese Legenden gehören nun mal zum Jakobsweg und bereichern ihn. Auf dem Olavsweg werden wir dagegen ständig mit historischen Tatsachen konfrontiert, nicht nur hier in Hundorp."

Dieses Kruzifix aus dem Jahr 1930 schmückt den Kreuzaltar im Trondheimer Dom. Es enthält 70 kg reines Silber.

Europäischer Kulturweg nach Nidaros

Olavs Geburt

Olav Haraldsson wurde im Jahr 995 als Sohn des Kleinkönigs Harald Grenske, dem Urenkel von König Harald

Schönhaar, und der Königin Åsta in Vestfold geboren. Das ist eine Provinz südwestlich von Oslo. Olav hatte

wundersame Augen; glänzend und durchdringend und er wusste klug und klar zu reden. Außerdem wusste er wohl

mit Pfeil und Bogen umzugehen und er war umsichtig und geschickt bei jedem Handwerk. Frühzeitig war

Olav in allem gereift; an Kraft und an Weisheit. Olavs Familie war heidnisch.

Vor 1.000 Jahren brachte König Olav den Norwegern, die damals noch an Thor und andere heidnische Götter glaubten, das Christentum. Kurz nach seinem Tod in der Schlacht bei Stiklestad im Jahr 1030 wurde der König heilig gesprochen und als Vorkämpfer der nationalen Freiheit gegen den ständig wachsenden dänischen Einfluss in allen heutigen Landesteilen verehrt.

Christen aus ganz Europa begannen nach Nidaros zu pilgern, zum Grab des Heiligen Olav. Das heutige Trondheim entwickelte sich schnell zu einem großen Pilgerzentrum, ähnlich bedeutend wie Jerusalem, Rom oder Santiago de Compostela. Mit der Reformation geriet der Pilgerweg durch Norwegen in Vergessenheit. Dabei „ist Pilgern urchristlich und damit gut evangelisch: denn wir alle zusammen erleben christliche Freiheit: Katholiken, Protestanten, Konfessionslose und Neugierige", sagt der Hamburger Pilgerpastor Bernd Lohse, mit dem wir zusammen unterwegs waren.

Nachdem der Europarat bereits 1987 den Jakobsweg durch Spanien nach Santiago de Compostela als ersten Pilgerweg mit dem Prädikat einer europäischen Kulturstraße versehen hat, wurde im Mai 2010 in Straßburg ein zweiter Pilgerweg offiziell in die Liste europäischer Kulturstraßen aufgenommen; der norwegische Olavsweg. Reisen auf solchen Kulturwegen sollen und können durch Raum und Zeit konkret demonstrieren, dass jedes kulturelle Erbe eines Landes auch gemeinsames europäisches Kulturerbe darstellt. Die Kulturwege verdeutlichen und beleben deshalb auch das

Grundprinzip des Europarates: Menschenrechte achten, kulturelle Demokratie und Vielfalt sowie eine großartige kulturelle Bereicherung über Grenzen und Jahrhunderte hinweg verbreiten.

Dieser Pilgerweg trägt jetzt die Zertifizierung „Cultural Route des Europarates".

In dem vorliegenden Buch wird der wunderschöne und noch weitgehend unbekannte Pilgerweg nach Nidaros erstmals in deutscher Sprache beschrieben und gezeigt. Wir sind den Olavsweg nicht nur gelaufen, wir haben mit großem technischen Aufwand das Pilgern fotografiert, die vielen kleinen meist mittelalterlichen Kirchen am Weg und die schönen Herbergen mit den Menschen, die sie schufen und betreuen. Dabei handelt es sich in vielen Fällen um jahrhundertealte Höfe, die schon zur Blütezeit der norwegischen Pilgerbewegung – also vor der Reformation – den Nidarospilgern Unterkunft gewährten. Viele dieser Herbergen sind noch erhalten oder wieder im historischen Stil aufgebaut; zum Beispiel mit einem Schafsfell als Bettdecke oder einer Doppelkoje für zwei Schläfer.

Schließlich haben wir Trondheim am Namenstag des Heiligen Olav erreicht und die Schönheit des mächtigen Nidarosdomes so großartig aufgenommen, wie das vorher kaum geschehen ist. Die meisten Pilger des Mittelalters folgten, aus Süden kommend, der Hauptroute durch das Gudbrandsdal und weiter über das Dovregebirge. Dann führt der Weg durch das Tal der Orkla bis Svorkmo und von dort über sanfte Hügelketten nach Skaun. Schließlich erreicht der Olavsweg den Trondheimer Fjord.

Der Olavsweg führt hinauf zum Dovrefjell.

Dort muss die Mündung des Flusses Gaula mit einer Fähre überquert werden, bevor die Schlussetappe angetreten werden kann. War man im Mittelalter mit Pferden und Wagen auf dem Olavsweg unterwegs, dann konnten an einem Tag durchaus 35 Kilometer bewältigt werden. Diese Streckenabschnitte wurden in vier etwa gleich lange Etappen eingeteilt, in so genannte „rost". An den Enden befanden sich jeweils Rastplätze mit Hütten und Weiden für die Pferde, so genannte „Olavs-Weiden". Pilger, die zu Fuß gingen, haben vermutlich nur ein bis zwei „rost" pro Tag zurückgelegt.

Wir sind auch 800 Kilometer weit über den spanischen Jakobsweg gelaufen und können so aus eigener Erfahrung Vergleiche ziehen, die dieses Buch ebenso bereichern wie die teilweise vergessene überaus spannende und ereignisreiche Lebensgeschichte des christlichen Königs, die hier vor allen Textkapiteln wieder lebendig wird.

Links: Die offizielle Urkunde für den gelaufenen Olavsweg zeigt die wichtigsten Pilgerziele in Europa.

Rechts: Die Olavsstatue in der Westfassade des Domes wird einmal im Jahr anlässlich des Olsokfestes – am 29. Juli – mit einem Kranz geschmückt. Links von Olav steht die Heilige Sunniva und rechts die Liebe. Sunniva ist die älteste norwegische Heilige. Der Legende nach war sie eine um die Mitte des 10. Jahrhunderts geborene christliche irische Königstochter. Die Liebe wird in Norwegen gerne als junge Frau mit einem Herzen in der Hand dargestellt – hier ist es sogar ein brennendes Herz.

Hamar und die „schönste Kirche der Welt"

König ohne Land

Olav war 12 Jahre alt, als er zum ersten Male an Bord eines Kriegsschiffes ging und auf Wikinger-Fahrt
kämpfend und plündernd nach Schweden, England und Frankreich fuhr. Als Olav Heer und
Schiffe bekam, gaben ihm seine Leute den Namen „König". So wurde Olav König eines Heeres, aber auch
ein König ohne Land. Olavs Vater Harald lebte zu dieser Zeit nicht mehr.

Wow – was für eine Kirche! Und was für ein großartiger Ort am Anfang unseres langen Weges nach Nidaros! Hier werden wir auch den Pilgersegen empfangen, vom Hamburger Pilgerpastor Bernd Lohse. Aber erst in knapp drei Wochen. Dann wollen wir bereits die Hälfte des Weges hinter uns gebracht haben und zur Domkirchenruine nach Hamar zurückkehren, um die deutsche Pilgergruppe von Bernd Lohse zu treffen. Wir sind gespannt, denn der Hamburger Pastor plant eine geistliche Wanderung mit vielen Gottesdiensten und Meditationen am Weg. Unsere langjährigen Freunde Bigi und Franz Alt werden mit dabei sein und ein Fernsehteam des NDR unter Peter von Sassen. Peter kennen wir auch schon seit einigen Jahren – wir waren gemeinsam im eiskalten Franz Josef Land und im vergangenen Winter in der Antarktis. Dort fragte Peter ganz beiläufig zwischen Pinguinen und Eisbergen nach unseren Sommerplänen.

Auf die Antwort „Wir wollen noch einmal pilgern" reagierte er fragend: „Wieder auf dem Jakobsweg?"

„Nein, in Norwegen, auf dem Olavsweg!"

„Pilgern in Norwegen? Das habe ich noch nie gehört. Wo bitte findet das statt?"

„Der Olavsweg nach Nidaros ist eigentlich uralt, aber für heutige Pilger doch ganz neu."

„Klingt spannend, das ist ein aktuelles Thema für eine gute Weihnachtssendung. Erzählt mir mehr vom Olavsweg!"

Das NDR-Team und Bernd Lohses Gruppe wollen erst ab Dovre pilgern und wir möchten bereits ab Hamar laufen – denn Hamar war neben Nidaros ebenfalls ein geistiges Zentrum im mittelalterlichen Norwegen – und die Verbindung dieser beiden Zentren durch einen Pilgerweg, der erst vor wenigen Wochen zum europäischen Kulturweg erklärt wurde, fasziniert uns aus verschiedenen Perspektiven; fotografisch wurde dieser Weg noch nie erfasst, außerdem ist die kulturelle, geistige und spirituelle Herausforderung groß.

Hamar ist der Verwaltungssitz von Hedmark und existierte schon als kleiner Markt- und Handelsplatz um das Jahr 1000, also zu König Olavs Lebzeiten. Im 12. Jahrhundert wurde hier am Ufer des schönen Mjøsasees ein Bischofssitz errichtet und die Domkirche daneben gebaut – eine stolze dreischiffige Kathedrale, ähnlich schön und gewaltig wie der Nidaros-Dom in Trondheim. Im 16. Jahrhundert zerstörten schwedische Truppen Hamar nahezu vollständig. Von der Domkirche blieben nur Fundamentsreste und wenige Wandruinen übrig. Man hätte die Domkirche wieder aufbauen können, aber die Norweger – erst seit 1905 selbständig und wirklich frei von allen Besatzern – hatten eine andere, eine ganz neue und geniale Idee: Sie wollten die eindrucksvolle Ruine erhalten, an die schwedische Zerstörung erinnern und doch wieder eine

Die Domruine von Hamar unter ihrem spektakulären Glasdach im Sommer um Mitternacht. In der Glaskathedrale finden Gottesdienste, Theateraufführungen und Konzerte statt. Dabei finden bis zu 800 Besucher unter dem Glaszelt Platz.

Blumenpracht im historischen Bischofsgarten des Hedemark-Museums.

Domkirche haben. Die beiden Architekten Kjell Lund und Nils Slaatto bauten eine gewaltige Stahlkonstruktion über die Ruine und belegten diese mit 4.800 Quadratmeter Glas, so dass die Reste der Kathedrale vor weiterer Zerstörung durch Frost und andere Umwelteinflüsse geschützt bleiben. Dieses Glasdach, wie ein riesiges Zelt über die Ruine gespannt, sorgt für die großartige Akustik, für Wärme und Regenschutz und für eine Atmosphäre, die in Kirchen seinesgleichen sucht.

Ingrid Meslo – wir werden von dieser Frau noch hören – bezeichnet den Dom unter Glas als „schönste Kirche dieser Welt."

Und da stehen wir jetzt, mitten in der hellen norwegischen Nacht. Der fast volle Mond scheint senkrecht durch die Glasfenster auf die Ruinenwände, die von Scheinwerfern in pures Gold getaucht werden. Diese Ruinen erzählen Geschichte und Geschichten und eine wichtige Botschaft lautet: Die Schweden wollten mit dem Niederbrennen des Domes den Norwegern einen Teil ihrer Identität rauben. Das ist ihnen nicht gelungen. Sie konnten den Dom zerstören, aber nicht das Gotteshaus und nicht den Glauben der dort lebenden Menschen. Beides ist geblieben und die christliche Spiritualität erscheint uns hier gewaltig und ohne wenn und aber!

Ja, die Glaskathedrale von Hamar ist ein idealer Startpunkt für eine Pilgerreise zu einem anderen geistigen Mittelpunkt, zur Kathedrale von Nidaros.

Renate und ich sind alleine in der Ruine, falten unsere Hände und wissen; es wird ein guter Weg.

Der Pilgerweg beginnt für uns an jenem Meilenstein neben der Glaskathedrale, der aufzeigt: 488 km til Nidaros. Natürlich kann man den Olavsweg auch in Oslo an den Ruinen der Marien-Kirche beginnen. Dort zeigt der erste Meilenstein 643 km bis zum Ziel an. Von Oslo aus gibt es zwei Varianten: Ein Weg führt über Eidsvoll nach Hamar und dann am Ostufer des Mjøsasees weiter nach Lillehammer. Der andere Weg führt über Bønsnes nach Gjøvik und dann weiter am Ostufer des Sees nach Norden. Zwischen Lillehammer und Fåberg treffen beide Wege aufeinander und vereinen sich zu nur einem Weg nach Nidaros. Viele Pilger bevorzugten schon im Mittelalter die westliche Variante und besuchten in Bønsnes die kleine Olavs-Kirche, die angeblich der König als Dank für sein Überleben bei einem Sturm im Fjord an dessen Ufer erbauen ließ. Und in Gjøvik angekommen, ließ man sich über den Mjøsasee rudern, um Hamar nicht zu verpassen. Das ist bis heute mit dem historischen Raddampfer Skibladner möglich. Hamar verfügt außerdem über ein komfortables Wanderheim.

Ein Pilgerweg beginnt immer schon zu Hause. Aber unsere ersten realen Schritte führen von der Glaskathedrale quer durch das Hedmark-Freiluftmuseum mit seinen alten Bauernhäusern und Stabburs. Das sind kleine Speicher auf vier so konstruierten Füßen, dass diese den Mäusen das Eindringen unmöglich machen. Für den gesamten Olavsweg sind solche Stabburs landestypisch. Die Hedmark ist eine besonders fruchtbare Provinz um Hamar und gilt als Kornkammer Norwegens. Das Hedmark-Museum grenzt an das historische Eisenbahn-Museum. Beide Museen sollte man sich vor dem Pilgerstart ausgiebig anschauen, sonst gerät der Wanderer schon bei den allerersten Metern in Zeitverzug und muss anschließend eilen. Das aber widerspricht einer wichtigen Pilgerregel, die besagt, dass du die Welt langsam erleben sollst, Schritt für Schritt. Das wussten schon Pilger vor mehr als 1.000 Jahren. In der Langsamkeit nimmt man Körper und Gedanken viel bewusster wahr als in Eile.

Der wolkenlose Himmel verspricht schönstes Sommerwetter für unseren ersten Pilgertag und gleich hinter den beiden Museen freuen wir uns über einen schattigen Waldweg, der am Seeufer entlang führt. Die Ausschilderung ist nicht so auffällig und leuchtend gelb wie auf dem Jakobsweg, aber man sieht sich in die schwarzen Gussplatten mit dem roten Kreuz und in die kleinen weißen Plastiklogos schnell hinein und findet bald jedes Pilgerzeichen. Es ist Anfang Juli. Unzählige Heckenrosen blühen am Weg und duften betörend. Auf dem pastellblauen See spielt das Sonnenlicht mit letzten zarten Nebelschwaden, die kurz vor ihrer Auflösung angekommen sind.

In unseren Rucksäcken tragen wir neben Regenumhängen und einer Wasserflasche fast nur fotografisches Gerät. Das sind für jeden Rucksack etwa 12 kg. Die andere Ausrüstung – Kleidung, Wäsche, Schlafsäcke, Matten, Filme, Lade- und Ersatzgeräte sowie eine komplette 1.000 Watt Beleuchtungsanlage für Innenräume und diverse Bücher – liegt gut verpackt im Auto, das wir täglich nachholen und beim Übernachtungsplatz parken. Diesen Service des Zurückfahrens verdanken wir den einzelnen Pilgerbüros am Weg und vor allem Olger Rønningen aus Lillehammer, der alle Autobewegungen bis Dovre organisiert und koordiniert hat.

Der schöne und schattige Waldweg ist leider nur kurz, der „Pilegrimsveien" führt weiter durch Hamars nordwestliche Vororte zu den Prestrudhallen und von dort in das kleine Naturschutzreservat Furuberget hinein. Das ist ein wildes Waldgebiet, gemischt aus Nadel- und Laubbäumen, durch das sich ein leise murmelnder Bach schlängelt. Der Neuling in Norwegen mag sich über die vielen Straßenlaternen mitten im Wald wundern. Aber die beleuchten keine Straßen, sondern im dunklen Winter die Loipen. Die hohe Wohn- und Lebensqualität der Norweger können wir nur immer wieder bestaunen; dazu gehören die schönsten bunten Holzhäuser mitten in der Natur und die Wanderwege und Skiloipen direkt davor. Ein Norweger hat in unseren Tagen prophezeit, dass sein Land schon sehr bald – wenn das übrige Europa zubetoniert, das Wasser und die Luft verseucht und alle Autobahnen total verstopft sein werden – zum rettenden Sanatorium für überlebenswillige Europäer werden wird.

Wir verlassen den schattigen Wald und wandern durch noch grüne Kornfelder und eine immer stärker brennende Sonne, die langsam steigt und uns ihre ultravioletten Strahlen ungefiltert durch die klare Nordlandluft entgegen schleudert. Da ist die Straße nach

Hamar und die „schönste Kirche der Welt"

Furnes mit der kleinen Kirche, die angeblich aus Steinen der Dom- ruine erbaut wurde. Leider ist sie blendendweiß getüncht, so dass von den historisch grauen Natursteinen nichts mehr zu sehen ist. Unser Interesse gilt aber weniger dieser Kirche am Weg als viel- mehr einem Schattenplatz. Den finden wir auf einer hölzernen und von Vogelkot ebenfalls weißgefärbten Friedhofsbank, die sich leicht unter den nächsten Baumschatten verrücken lässt. Schuhe aus, Wasser über die nackten Füße gießen, eine Banane aus dem Rucksack essen – und die Welt ist schon wieder in Ordnung. Pilgern bringt uns schnell zurück zum Elementaren; ein Sitzplatz im Schatten, einen Bissen zwischen den Zähnen und ein Schluck frisches Wasser. Das alleine macht schon zufrieden, vielleicht sogar glücklich. An so einem Tag träumt man nicht von rauschenden Palmen am Südseestrand, nicht von der großen Grillparty und schon gar nicht vom immerwährenden Nichtstun. Das ist purer Unsinn aus der Werbung. Nein, wir freuen uns über das Wasser aus unserer Flasche und über eine Bank im Schatten und sind dankbar, dass uns weder Blasen an den Füßen noch Schmerzen in den Fersen peinigen. Ist es nicht gerade in unserer Zeit großartig, so praxisnah zu erfahren, wie wenig ein Mensch braucht, um glücklich zu sein?

Und wir freuen uns auch, dass wir schon vor 12 Uhr die Hälfte des heutigen Weges geschafft haben. Aber dann geht es wieder auf die schattenlose Straße.

Set out! You were born for the road – the pilgrims road! Leuchtend gelbe Rapsfelder trösten den Fotografen. Nach 500 Metern passieren wir das Gemeindebüro von Furnes, klopfen an die Tür und bitten, unsere Wasserflasche auffüllen zu dürfen. Was für ein Geschenk an diesem heißen Tag! Das Wasser ist eisig kalt und so frisch! Unser Weg führt in ständigem Wechsel bergauf

und wieder bergab – und obwohl die Sonne ihren Scheitelpunkt lange überschritten hat, brennt sie mit jeder Minute heißer und erbarmungsloser auf uns Pilger.

Eine weitere Pilgerregel besagt, dass man immer wieder schwei- gend gehen soll, mindestens eine halbe Stunde lang.

„Schweigen ist ein Bad der Seele. Es gibt kein intensiveres Reini- gungsbad als das Schweigen. Schweigen ist ein Weg zur Ruhe des Herzens", sagt der Benediktiner Mönch Anselm Grün.

Aber an diesem Nachmittag ist es alleine die Sonne, die uns das schweigsame Pilgern lehrt, kein Mönch und auch keine Pilgerre- gel. Ein Wegweiser zeigt endlich an, dass unser Tagesziel nur noch 4 km entfernt ist. Wir könnten bei dieser überschaubaren Zahl durchaus noch einmal rasten. Aber da ist kein Schatten und auch kein Sitzplatz. Die Füße sind jetzt müde und deshalb setzen wir uns einfach und ungefragt auf die hölzernen Eingangsstufen des ersten Wohnhauses von Brumunddal. Hier gibt es – noch – keine Pilgerherberge, deshalb führt uns der Weg einen weiteren Kilome- ter durch die Stadt zum Bahnhof. Da ist kein Mensch und die Wartebänke stehen unverrückbar fest in der prallen Nachmittags- sonne. Aber da hängt ein Fahrplan und der sagt uns, dass in einer Stunde ein Zug nach Hamar fährt. Auf der Bahnhofsrückseite entdecken wir einen Taxistand ohne Taxis und ohne Fahrer – aber mit zwei Stühlen im Schatten und einem Getränkeautomat. So sieht das Paradies aus!

Der Zug kommt pünktlich und bringt uns nach Hamar. Am Bahn- hof bleibt Renate mit unseren Rucksäcken im Schatten sitzen. Ich laufe noch einmal genau zwei Kilometer zur Glaskathedrale, dort steht das Auto. Jetzt geht ein Traum in Erfüllung; in wenigen Minuten werden wir die Dusche im Wanderheim erreichen und sagen: „Wow – das war ein schöner Tag!"

Olav geriet während einer Überfahrt auf dem Tyrifjord durch einen gewaltigen Sturm
in Lebensgefahr. Er und seine Männer überlebten das schlimme Wetter, und aus
Dankbarkeit ließ Olav diese Kirche bauen. So erzählt es die Sage. Tatsache bleibt, dass die
Olavs-Kirche in Bønsnes fast 1.000 Jahre alt ist und wunderschön.

Der historische Raddampfer Skibladner
hat schon im 19. Jahrhundert Pilger, die den
westlichen Weg ab Oslo gewählt hatten,
von Gjøvik nach Hamar gebracht.
Heute ist aus dieser alten Tradition eine
Touristenattraktion geworden. Das schnee-
weiße Schiff fährt mit der gemütlichen
Geschwindigkeit von 12 Knoten im Sommer
täglich von Gjøvik nach Hamar und an
einigen Tagen auch bis Eidsvoll im Süden
und bis Lillehammer im Norden.
Dieser bildschöne Raddampfer wird auch
liebevoll „Der weiße Schwan des Mjøsasees" genannt.

Renate plaudert mit Kapitän Harald P. Rasmussen, der auf dem
historischen Skibladner seit 10 Jahren das Kommando hat.

Tanze nach dem Lied der Stille

Olavs erster Traum

Während dieser Raubzüge stand Olav auch als Offizier im Dienst englischer und normannischer Fürsten.

Er lernte das Christentum kennen und ließ sich 1013 oder 1014 im normannischen Rouen taufen.

Eigentlich plante der König eine Reise nach Palästina, aber ein Mann gebot ihm im Traum, davon zu lassen:

„Zieh zurück zum Land deiner Geburt, denn du sollst für immer ein König von Norwegen sein."

Norweger sind keine Frühaufsteher und das gilt ganz besonders für den heiligen Sonntag. Wir haben in Brumunddal zwar einen Parkplatz gefunden und glauben auch, auf dem Olavsweg zu sein. Aber da fehlt jede weitere Markierung und die Bewohner des kleinen Ortes scheinen alle noch zu schlafen. Endlich erspähen wir doch einen jungen Mann und sprechen ihn an:

„Wir sind Pilger aus Deutschland und suchen die Fortsetzung des Weges. Wir finden einfach keine Ausschilderung."

„Ihr kommt aus Deutschland? Da muss ich euch erstmal gratulieren!"

Der Mann drückt uns die Hand mit der vollen Kraft eines echten Wikingers.

„Wie ihr gestern Argentinien und ihren arroganten Maradona nach Hause geschickt habt, das war schon ganz toll!"

„OK, aber das waren nicht wir, das war unsere Fußballmannschaft."

„Hier wurde ein Stück Straße und auch der Kreisel dort hinten neu gebaut und die Pilgermarkierung ist da noch nicht angebracht. Geht bis zum Kreisel vor und dann nach rechts. Ihr findet dann bald einen Abzweig zum Hof Armerud und ab da auch wieder die richtige Wegmarkierung. Und spielt weiter so, dann wird Deutschland ganz sicher Weltmeister!"

„Wir werden uns Mühe geben – und danke für die Auskunft."

„Ach so, das habe ich vergessen. Ihr werdet hinter dem ersten

Hier verlässt der Pilgerweg die Stadt Hamar und führt in schattigen Birkenwald hinein.

Wald den Kirchturm von Veldre sehen. Geht immer auf ihn zu, dann seid ihr richtig."

Wir finden den Abzweig nach Armerud und laufen jetzt durch schönste Wiesenlandschaft mit tausenden Heckenrosen und Lupinen an den Wegrändern bergan und in ein Waldstück hinein.

„Endlich der erste Schatten", freut sich Renate.

„Ich fürchte, heute wird es ähnlich heiß wie gestern."

Nach dem Wald folgt wieder Wiesengelände und hoch oben auf einer Anhöhe erblicken wir den weißen Kirchturm von Veldre.

Renate meldet sich: „Zu dieser Kirche gehört auch ein Konfirmandensaal, der für Pilgerübernachtungen genutzt werden kann. Das habe ich im Internet gefunden und ausgedruckt. Dort werden wir rasten und unsere Wasserflaschen neu füllen."

Erst nach einer weiteren Stunde stehen wir vor der Kirche, finden Tisch und Bank und auch den Konfirmandensaal. Er ist leider verschlossen und die Kirche auch, obwohl heute Sonntag ist. Wir trinken heißen Kaffee aus der Thermoskanne und essen belegte Brote dazu. Dann biegt der Olavsweg in den so genannten Priesterweg ein, auf dem die Priester früher durch den Wald zur Nachbargemeinde gefahren sind. Dass ein Priester mehrere Gemeinden gleichzeitig zu versorgen hat, ist also nicht nur ein Phänomen unserer Tage. Für den Fotografen gibt es wieder allerschönste Rapsfelder mit weißen Sommerwölkchen darüber, für Renate eine Hand voll frische und besonders schmackhafte Walderdbeeren.

Im kleinen Dorf Rudshøgda treffen wir eine fröhliche Männerrunde auf einer Terrasse sitzend, trinkend und schwatzend.

Über 1.000 solcher Gussplaketten markieren den Pilgerweg nach Trondheim.
Sie sind auf Holzpfähle mit zusätzlichen Richtungspfeilen geschraubt.

Renate geht auf das Grundstück und fragt nach Trinkwasser für unsere Flasche. Dabei erzählt sie, dass wir aus Deutschland kommen und nach Nidaros pilgern.

„Aus Deutschland? Da gratulieren wir zum Spiel gestern Abend. Und weil ihr so gut ward, werden wir das Wasser ein wenig mit Wodka veredeln!"

„Wir waren nicht so gut, das war unsere Mannschaft. Und bitte lasst das Wasser unveredelt. Trinkt den Wodka auf das Wohl unserer Fußballer, die werden es für die nächste Runde nötig haben."

Die Herzlichkeit der Norweger einem fremden Pilger gegenüber ist umwerfend und erfrischend. Am liebsten wären wir in so einer Runde sitzen geblieben. Aber die Sonne steigt und da erscheint uns auch der kleinste Schluck Wodka unangebracht.

Am frühen Nachmittag queren wir die E6 und passieren – immer noch auf dem Priesterweg gehend – das Geburtshaus des norwegischen Dichters Alf Prøysen. Es steht – heute als Museum mit der historischen Inneneinrichtung – direkt am Olavsweg. Prøysen (1940 – 1970) war Schriftsteller und Musiker und prägte die Kulturszene Norwegens in der zweiten Hälfte des 20. Jahrhunderts in vielen künstlerischen Bereichen; im Kinderradio, im Theater, in Musik und Literatur.

Dann folgen wieder schönste Waldpartien mit unzähligen Blumen und Wiesenlandschaften – mit einem ersten Blick auf die berühmte Ringsaker-Kirche, die den katholischsten Altar im protantischen Norwegen beherbergt.

Die letzten drei Kilometer führen über eine Asphaltstraße, die anscheinend jeden Sonnenstrahl aufgesogen hat und jetzt von unten die Tageshitze abstrahlt. Unmittelbar vor der Kirche biegen wir nach rechts ab zur Pilgerpension von Randi Nordby. Die freundliche Frau erwartet uns bereits, packt Renate und mich

in ihr Auto und fährt nach Brumunddal zurück. Während der Fahrt erfahren wir, dass unsere Wirtin Lehrerin gewesen ist, sich bei den Pfadfindern engagiert hat und bis heute Besucher durch die Ringsaker-Kirche führt. Randi freut sich über die Anerkennung des neuen Pilgerweges durch den Europarat und hofft, dass sich ihre schöne Herberge bald auszahlen wird. Wir sind heute allerdings die einzigen Gäste bei ihr – und solange das so ist, haben die Wirte noch viel Zeit für persönliche Gespräche. Wir schätzen das. Bei Randi Nordby bewohnen wir ein Doppelzimmer, einen gemütlichen Wohnraum – ausgestattet mit vielen guten Büchern von Snorri bis Shakespeare – , eine eigene Küche und natürlich ein Bad. Was für ein Luxus während einer Pilgerreise!

An unserem dritten Wandertag zeigt die ausgedruckte Karte ein beängstigend steiles Höhenprofil, das bis auf 400 Meter hinauf klettert. Aber in Wahrheit ist die Steigung nicht extrem, sie führt in weiten Serpentinen ganz erträglich einen Hang hinauf nach Lundehagen. Von dort haben wir allerschönste Aussichten hinunter auf den Mjøsasee. Wir befinden uns auf der Ostseite des Wassers, die E 6 auf der gegenüberliegenden Westseite. Heute hat sich der Himmel zugezogen. Das ist nicht so schön für den Fotografen, aber angenehm für den Pilger. Oben auf dem Scheitelpunkt des Berghanges angekommen, packen wir erstmals während unserer Pilgerwanderung Überjacken aus dem Rucksack. 400 Meter über dem See ist es richtig kühl. Der Schotterweg zieht sich durch schönen Wald endlos dahin, mal leicht bergab und dann gleich wieder bergauf. Aber ohne nennenswerte Höhepunkte. Die gibt es erst am Nachmittag unmittelbar hinter einer Rechtskurve vor Brøttum. Da liegt der malerische Ort mit seiner kleinen weißen Kirche wie ein Spielzeugdorf unter uns. Irgendwo über den bunten Häusern,

mitten im Wald, muss unser heutiges Tagesziel sein – die Pilgerherberge Johannesgården. Bis dort ist es aber noch eine Stunde Weg, zunächst bergab bis zum kleinen KIWI-Laden und dann wieder bergauf in den Wald hinein. Endlich – wir sind heute von der Länge der Schotterstraße richtig geschlaucht – stehen wir vor dem Gästehaus des Johannesgården und werden von Karen begrüßt. Sie erwartet uns und weiß auch, dass unser Auto in Ringsaker steht und abgeholt werden muss. Olger hat ganz toll vorgearbeitet. Auf der Fahrt zurück mit Karen kommt uns gleich hinter Brøttum ein Pilger mit flottem Schritt und großem gelben Rucksack entgegen. Sicher werden wir ihn heute Abend in Johannesgården treffen. Karen meint allerdings, dass sie keine weiteren Anmeldungen für die kommende Nacht habe. Mal sehen.

Wir glaubten zunächst, dass der Johannesgården wie ein kleines Kloster durch eine Mönchsgemeinschaft geführt wird. Das ist aber nicht so. Karen leitet das schöne Haus zusammen mit Partnerinnen und bietet hier nicht nur Betten für Pilger an, sondern auch Freizeiten zur Besinnung und zur Meditation.

Drei norwegische Gäste führen hier gerade so eine Freizeit durch und wir Pilger werden sofort integriert. Das Abendessen nehmen wir beispielsweise absolut schweigend ein – so haben wir es auf dem Jakobsweg auch in einem kleinen Benediktinerkloster praktiziert. Leise Gitarrenmusik erklingt und Karen serviert ein besonders leckeres Fischgericht. Dazu gibt es kaltes Zitronenwasser. Neben der Herberge steht ein alter Stabbur aus besonders dunklem Holz, das als Kapelle eingerichtet ist. Karen lädt uns nach dem Essen zur Abendandacht ein und hat Taizé-Lieder ausgewählt, die wir durchaus mitsingen können. Dazu hat sie Bibeltexte in deutscher Sprache – über Google – ausgedruckt, die heute in Taizé als Tageslosung gelesen werden. Ein Glöckchen ruft uns in die

Tanze nach dem Lied der Stille

durch Kerzen schummrig erleuchtete Kapelle.

Karen stimmt an: „Bless the Lord, my soul, and bless God's holy name. Bless the Lord my soul, who leads me into life."

Dann liest Karen aus dem 9. Psalm in ihrer Sprache. Danach bittet die Frau um eine „Stillhet" von drei Minuten. Es folgt ein weiteres Taizé-Lied in norwegischer, englischer und deutscher Sprache: „Bleib' mit deiner Gnade bei uns, Herr Jesus Christ. Ach bleib mit deiner Gnade bei uns, Du treuer Gott."

Wir beten gemeinsam das Vaterunser, jeder in seiner Sprache, und dann folgen wieder drei Schweigeminuten.

Die Provinz Hedmark ist besonders fruchtbar und deshalb auch die Kornkammer Norwegens. Zu der lieblichen Hügellandschaft gehören im Juli unzählige goldgelb leuchtende Rapsfelder.

Was für ein schöner Ausklang nach einem anstrengenden Pilgertag an so einem großartigen Ort – und das alles ohne Grenzen zwischen unterschiedlichen Nationen und Konfessionen. Warum nur wird so eine ökumenische Praxis nicht Selbstverständlichkeit unter allen Christen dieser Welt!?

Die Wolken haben sich verzogen, späte Abendsonne taucht den Johannesgården in goldenes Licht. Da wandern Renate und ich hinunter zum kleinen Teich, in dem sich unsere Herberge zur Nachtzeit spiegelt. Richtig dunkel wird es Anfang Juli in dieser Region Norwegens gar nicht. Die Sonne geht gegen 23 Uhr unter und gegen 5 Uhr früh schon wieder auf. An dem Teich steht eine Bank. Dort blättere ich, fasziniert von diesem einzigartigen Ort und dem intensiven Licht zu so später Stunde, in einem kleinen Büchlein, das uns Bernd Lohse als geistlichen Begleiter für die Pilgerreise mit auf den Weg gegeben hat. Vor der letzten Seite steckt ein Zettel in einer Plastiklasche, den Renate dort hineingesteckt hat. Ich ziehe ihn in Gedanken versunken – und auch etwas neugierig geworden – heraus und finde einen angegilbten Text von Anselm Grün:

Tanze nach dem Lied der Stille. Wir brauchen die Stille, um mit dem Glück in Berührung zu kommen, das auf dem Grund unseres Herzens in uns ruht. Wenn wir immer nur in Bewegung sind, werden wir es in uns nicht spüren. Es ist wie ein See. Nur wenn er ganz ruhig ist, spiegelt sich in ihm die Schönheit der Welt. Nur wenn wir stille stehen, spiegelt sich in uns die Herrlichkeit, die uns umgibt. Dann spüren wir die Freude, die uns umgibt.

Kann ein Text passender sein für diesen Augenblick?

Hinter unserer Bank erklingt zaghaftes Glockengeläut – von drei Schafen, die Karen gehören und sich wundern, wer hier noch so spät unterwegs ist – auf ihrem Weideland.

Die ersten Meter unseres langen Weges nach Trondheim führen von der Domruine durch das Hedmark-Freilichtmuseum und dann gleich weiter in das historische Eisenbahn-Museum hinein.

Pilgern durch die Hedmark erinnert uns an Pilgern durch die Meseta in Spanien.
Das noch grüne Korn (Anfang Juli) wogt wie ein endloses Meer bis zum Horizont und
mittendrin leuchtet die Kirche der kleinen Gemeinde Brøttum.

In Norwegen finden wir eine sehr hohe Lebens- und Wohnqualität. Das Land ist dünn besiedelt und die wenigen Menschen haben Natur pur vor ihren bunten Holzhäusern. Da gibt es große, oft wilde Gärten und unmittelbar vor den Häusern beginnen Wanderwege und Skiloipen. In Deutschland leben 227 Menschen auf einem Quadratkilometer, in Norwegen sind es nur 14.

Die Ringsaker-Kirche ist dem Heiligen Olav geweiht und schon deshalb ein Muss für jeden Pilger. Die kleine Basilika wurde im 12. Jahrhundert gebaut und ist bis heute weitgehend unverändert erhalten geblieben. Deshalb gehört sie zu den großen Kirchenschätzen Norwegens.

Der einzigartige Altarschrank wurde in Antwerpen kurz vor der Reformation geschnitzt. Das Kunstwerk besteht aus fast 100 großen und kleinen teilweise vergoldeten Figuren und einer sehr realistischen Darstellung von Christi Leib und Blut im unteren Mittelteil. Der barocke Altar ist also urkatholisch – und das war auch Pastor Ansten Jonssøn Skonk bei der Bestellung. Aber der Altarlieferung aus Antwerpen folgte schnell die Reformation und – fast – ganz Norwegen wurde protestantisch, weil der König protestantisch wurde. Aus dem katholischen Pfarrer wurde ein lutherischer Pfarrer, der „seinen" urkatholischen Altar so sehr liebte, dass er ihn beibehielt. Bis heute ist der Altar dieser alten Kirche der katholischste in Norwegen – und die Protestanten lieben ihn. Auch so kann Ökumene funktionieren.

Der historische Priesterweg hat Gemeinden verbunden, die vor allem nach
der Reformation von nur einem Priester betreut wurden. Nach den Gottesdiensten
mussten diese Priester auf dem kürzesten Weg mit der Pferdekutsche in
ihre Nachbargemeinde fahren, zum nächsten Gottesdienst. Heute sind Teile dieser
alten Priesterwege in den Olavsweg integriert. Hier handelt es sich um eine
besonders schöne Waldpassage des alten und neuen Weges.

Die Pilgerherberge Johannesgården in der Gemeinde
Brøttum ist ein besonderer Ort der Stille, der zur
Einkehr und Meditation einlädt. Im schwarzen Stabbur mit der
leuchtend roten Tür befindet sich die kleine Kapelle,
in der wir eine „internationale" Andacht erleben durften.

Lillehammer – die erste Stadt

Olav kehrt heim

Im Jahr 1015 kehrte Olav nach Norwegen zurück und es gelang ihm, das Land unter seiner Krone zu vereinen. 1024 wurde auf einem Reichstag beschlossen, das Christentum als einzige rechtmäßige Religion in Norwegen einzuführen. Bei der Christianisierung half der englische Bischof Sigurd. Er gilt als erster Bischof von Trondheim. Olav unternahm Missionsreisen in heidnische Landesteile und trieb den Bau von Kirchen voran.

Karen ist eine bemerkenswerte Frau; sie versorgt Schafe, hält die Herberge blitzsauber, bewirtet ihre Gäste wie ein Sternekoch und holt deren Auto ab, wenn darum gebeten wird. Außerdem bereitet sie Andachten in verschiedenen Sprachen vor – und von Stress ist bei all diesen Aktivitäten keine Spur. Wir verabschieden uns sehr herzlich wie von einer guten Freundin und laufen die kleine Schotterstraße hinunter bis zum Ufer des Mjøsasees. Was für eine bunte Blumenpracht sehen wir da wieder an beiden Seiten des Weges! Heute strahlt die Sonne wieder und wir halten eine erste Rast an der Olavsquelle. Das ist ein Felsen über einem kleinen Wasserloch. Hier soll König Olav einmal sein Pferd getränkt haben. Der Pilgerweg führt weiter über eine schmale Straße. An einem schönen roten Holzhaus putzt die Bewohnerin ihre Fenster und fragt von oben aus dem ersten Stock, ob wir frisches Wasser haben möchten. Wir möchten und hören, dass es nur noch 7 km bis nach Lillehammer sind. Aber dann zweigt der Olavsweg plötzlich nach links ab und führt auf einem kaum sichtbaren Pfad zwischen Feldern tief hinunter auf einen Waldrand zu und danach wieder steil bergauf zurück zur Straße. Wir nennen das inzwischen „Schikanen" und sind über solche Umwege nur bedingt glücklich. Eigentlich ist ein Pilger zu einem fernen Ziel unterwegs und möchte dort irgendwann auch ankommen. Dabei haben wir volles Verständnis, wenn der Weg immer wieder von der direkten Straße auf historische Abschnitte geführt wird; auf den alten Priesterweg oder den

Königsweg. Beide Wege waren ja einmal für Kutschen angelegt und sind deshalb heute noch entsprechend bequem für einen Pilger. Aber hier führt ein extrem schmaler Pfad einfach nur durch Felder, Wiesen und Waldstücke, um dann wieder die Straße zu erreichen. Viele Norweger nutzen den Olavsweg auch für Wochenendwanderungen auf kurzen Teilstrecken. Und diese „Kurzpilger" wollen natürlich lieber abseits der Straße unterwegs sein. Das ist verständlich, aber sie laufen ja auch nicht bis Trondheim! Die heutige „Schikane" ist nicht die erste auf unserem Weg und mit müden Füßen und einem nicht ganz leichten Rucksack braucht man wirklich viel Gottvertrauen und auch Humor für solche Umwege, die dann noch steil hinunter und gleich wieder ebenso steil bergauf führen.

Dennoch erreichen wir gutgelaunt Lillehammer und gehen die Jernbanegata quer durch die Innenstadt hinauf zur Pilgerherberge Øvergaard. Eine junge Studentin aus Trondheim führt das Haus und ist über unser Kommen ebenso informiert wie über den Wunsch, unser Auto von Johannesgården zu holen. Wir sind wieder die einzigen Gäste in der Herberge und haben deshalb freie Auswahl zwischen unterschiedlichen kleinen Schlafzimmern. Unsere Entscheidung fällt für ein Zimmer mit Schreibtisch und Steckdose, damit Renate am Laptop arbeiten kann. Außerdem steht allen Pilgern ein großes Wohnzimmer mit alten Möbeln zur Verfügung. Die Herberge Øvergaard liegt sehr zentral und doch ruhig. In nur 5 Minuten erreicht man zu Fuß die Innenstadt und in höchstens 10 Minuten das Freilichtmuseum Maihaugen.

Der Olavsweg kurz vor Lillehammer.

Lillehammer – die erste Stadt

Lillehammer liegt etwa 190 km nördlich von Oslo am Ufer des Mjøsasees und am Eingang zum langen Gebirgstal Gudbrandsdalen. Die Stadt hat knapp 30.000 Einwohner und ist damit der einzige bedeutende Ort zwischen Hamar und Trondheim. Durch die Olympischen Winterspiele 1994 wurde Lillehammer weltweit bekannt – und dass es hier schon lange aktiven Wintersport gegeben hat, beweist auch das Stadtwappen; es zeigt einen Wikinger auf Skiern! Das ist für ganz Norwegen einmalig. Weil es keine weitere „richtige Stadt" vor Trondheim am Olavsweg gibt, raten wir hier zu einem Ruhetag, für den sich Øvergaard ideal anbietet. Das schon erwähnte Freilichtmuseum Maihaugen ist mit 185 historischen Gebäuden das größte seiner Art in Norwegen. Dort sehen wir unsere erste Stabkirche auf dem Pilgerweg und außerdem ganze Höfe aus Gudbrandsdalen, wo wir ja in der nächsten Woche pilgern werden.

Sehenswert ist außerdem die Storgata in der Fußgängerzone mit ihren farbenfrohen Holzhäusern, den vielen Straßencafés und Restaurants. Genau dort landen wir dann auch bald nach unserer Ankunft. Dass es in Norwegen immer nur regnet und kalt sei, ist ein völlig falsches Vorurteil. Wir sitzen beim Italiener in der Storgata draußen auf der Straße und finden sogar eine deutsche Zeitung – nur einen Tag alt – mit der Titelzeile: „Das geilste Spiel aller Zeiten".

Der Olavsweg quert hinter Johannesgården die Landstraße 213 und führt über Bergseng weiter durch abwechslungsreiche Feld- und Wiesenlandschaft.

In Lillehammer bewundern wir die bunte
Holzbauweise der Norweger, links
in Maihaugen und rechts in der Altstadt.

Im Freilichtmuseum Maihaugen in Lillehammer stehen vor allem Bauernhäuser aus dem Gudbrandsdal mit ihren historischen Inneneinrichtungen. Damit veranschaulicht und dokumentiert Maihaugen 300 Jahre Geschichte dieses Tales, durch das wir jetzt eine Woche lang laufen werden.

Gudbrandsdalen – der lange Weg nach Dovre

Olav muss fliehen

Viele Kleinkönige und Adelsleute sahen in Olav einen zu strengen König und versprachen sich von dem weit entfernten Dänenkönig Knut dem Mächtigen von Dänemark und England mehr persönliche Freiheiten. Deshalb ernannten sie Knut 1028 auf dem Øreting in Trondheim zum neuen König Norwegens. Olav floh daraufhin nach Kiew zu seinem Schwager, dem Großfürsten Jaroslaw von Russland.

Von den Ereignissen in Gudbrandsdalen zu König Olavs Zeiten haben wir schon im Prolog gehört. Jetzt liegt dieses gewaltige, wildromantische Tal zwischen Lillehammer und Dovre als nächster Wegabschnitt vor uns. Der etwa 200 km lange Taltrog mit vielen Seitentälern hatte schon immer eine wichtige Verkehrsfunktion zwischen Süd- und Mittelnorwegen. Die Literaturnobelpreisträger Knut Hamsun und Sigrid Undset haben Gudbrandsdalen weltberühmt gemacht. Auch die Geschichte von Peer Gynt spielt in diesem Tal. Der Fluss Lågen stürzt aus dem Dovrefjell und fließt – oft in wilden Kaskaden und dann wieder langsam durch eigene Stauseen – durch Gudbrandsdalen hinunter in den Mjøsasee. Aus diesem Grund war das Tal auch immer eine wichtige Wasserstraße. Viele Bauern haben sich seit Jahrhunderten an den sonnenexponierten Hanglagen des Tales angesiedelt. Der Olavsweg führt meistens durch schönste Waldgebiete, an verlassenen und noch bewirtschafteten Höfen vorbei und manchmal auch sehr ausgesetzt vor steilen Felswänden entlang durch das Tal, in dem wir ständig wechselnd Sonne und auch Regen erleben. Zum Leidwesen der Pilger geht es im Gudbrandsdal oft bergauf in den Wald und dann wieder hinunter zum Talboden. Viele Seitentäler müssen ständig gequert werden, das ist anstrengend und Kraft raubend. Aber zur Entschädigung gibt es von den Höhen oft atem-

Der mächtige Fluss Lågen kommt vom Dovrefjell und fließt durch das Gudbrandsdal in den Mjøsa-See. Diese Aufnahme zeigt das Gudbrandsdal bei Hundorp.

beraubende Ausblicke auf das wahre Naturwunder Gudbrandsdal. Zunächst führt der Olavsweg durch die nordwestlichen Vororte Lillehammers zu dem historischen Fährhaus Sundgarden. Dort mündet der Lågen in den Mjøsasee. Kaum haben wir den schönen Platz am Wasser erreicht, da stoßen zwei Schüler zu uns, Mette und Simen.
„Wir jobben hier in den Ferien und halten Haus und Grundstück in Ordnung."
Das Mädchen Mette hat den Schlüssel zum Fährhaus in der Hand, öffnet und lässt uns einen Blick in den alten noch voll möblierten Raum werfen. Der Junge Simen holt inzwischen den Rasenmäher aus dem Schuppen, setzt sich einen Lärmschutz auf den Kopf, und beginnt seine Ferienarbeit. Wir hören, dass hier ständig Schüler ehrenamtlich eingesetzt werden. Sie haben das alte Fährhaus renoviert und halten die Gesamtanlage Sundgarden mit Grillplatz und Bademöglichkeit in Ordnung. Nach vielen Fragen antworten die beiden Schüler lachend: „Jetzt müssen wir arbeiten, sonst schaffen wir unser Pensum nicht."
Der Olavsweg hat uns wieder. Er führt hier am Fluss entlang und bei Fåberg an die E6 heran. Aber schon nach wenigen Kilometern geht es über Einsbybakken stramm den Hang hinauf in Waldgebiete hinein. In Vedem führt der Pilgerweg 500 m weit sehr steil bergan und dann durch Wiesengelände auf der erreichten Höhe weiter. Jetzt folgen – erstmals für uns – Zauntreppen, die überklettert werden müssen. Renate hat da leichte Probleme mit dem rechten Knie. Aber es geht gut, wenn ich ihr beim Übersteigen

Gudbrandsdalen – der lange Weg nach Dovre

der Zäune den Rucksack abnehme. Der Himmel hat sich leider nach einem klaren Morgen zugezogen und das ständige Überklettern der Viehzäume wird ein wenig lästig. Eine gute Wegstunde hinter Vedem landen wir aber wieder auf einem leicht begehbaren Schotterweg, der uns zu unserem ersten Übernachtungsplatz in Gudbrandsdalen führt: Skåden gård.

Der historische Hof aus dem 16. Jahrhundert liegt wunderschön inmitten von blühenden Blumenrabatten und entschädigt uns für den leichten Groll über die heutige „Schikane".

Anne-Marie Skåden erwartet uns und drückt Renate einen großen Schlüssel in die Hand.

„Ihr werdet in der kleinen Hütte dort schlafen, Abendessen und Frühstück gibt es bei mir im Wohnhaus, und WC und Dusche findet ihr unten im Keller. Wenn ihr Lust habt, könnt ihr nach dem Abendessen Fußball gucken. Mein Mann sagt, das wird heute ein wichtiges Spiel für Deutschland. Er wird sich das auch ansehen und ihr seid herzlich eingeladen." So unkompliziert ist norwegische Gastfreundschaft.

Wir beziehen unsere Hütte mit zwei Stockbetten, Tisch und Sofa, Kühlschrank und Elektrokocher mit zwei Brennstellen. Wasser gibt es in einem Kanister, es muss vom Wohnhaus geholt werden.

Kaum haben wir uns eingerichtet, da kommt ein weiterer Pilger auf den Hof. Alleine mit einem gelben Rucksack.

Haben wir diesen Mann nicht schon einmal gesehen? In Brøttum? Und ihn eigentlich in Johannesgården erwartet?

„Hello. I am Trevor Garrett from Irland and Pilgrim on the way to Nidaros. Hope, that I can sleep here. I am tired, because I crossed the whole day fences!"

Trevor ist wirklich Pilger – durch und durch! Canterbury – natürlich! Santiago – alle Wege einschließlich des portugiesischen.

Rom – auch! Und Jerusalem – selbstverständlich. „Dabei bin ich quer durch Zypern gelaufen. Mir fehlt nur noch Nidaros in Norwegen."

„Dann werden wir uns dort treffen – zum Olavsfest."

„Werden wir nicht, da sind mir zu viele Leute. Das ist nicht mein Ding. Ich werde vorher dort sein und rechtzeitig vor dem Trubel verschwinden – nach Spanien."

Trevor, wortkarg und doch sympathisch, verzichtet auf eine eigene Hütte und baut sein winziges Zelt auf den Rasen des Wohnhauses. In unserem Internetausdruck über Skåden gård lesen wir, dass sich im alten Stabbur gleich neben unserer Hütte ein kleines Museum befindet. Anne-Marie bestätigt das: „Dort gibt es ein Museum. Bevor ich euch hineinlasse, muss da erst einmal kräftig aufgeräumt werden."

Nach einer Stunde ist das Stabbur besuchstauglich und wir sehen gesammelte Werke vom Hof aus den vergangenen 5 Jahrhunderten: Handgeräte, um Sahne und Milch zu trennen, ein Butterfass und Gefäße, um darin Käse zu kochen, ein voll eingedeckter Tisch mit altem Porzellan, rußgeschwärzte Kaffee- und Teekannen. Hier wurde nichts weggeworfen, sondern alles im Stabbur aufbewahrt. So ist da eine richtige spätmittelalterliche Schatztruhe entstanden.

Am nächsten Morgen sitzen wir schon früh um sieben Uhr am Frühstückstisch. Trevors Zeltplatz ist bereits leer, vermutlich läuft der Mann aus Irland schon hoch über Gudbrandsdalen durch die Wälder. Trond Skåden fährt voraus und ich folge ihm in unserem Auto, das schließlich auf einem Waldweg geparkt wird. Dann fahren wir zusammen in seinem Auto zurück zum Hof und verabschieden uns von den freundlichen Gastgebern, die noch einmal bedauern, dass Deutschland sein Spiel gegen Spanien gestern Abend verloren hat. Bei sehr gemischtem Himmel laufen wir weiter, klettern erneut auf Treppen über Zäune und Gatter und

Die Schüler Mette und Simen kümmern sich um den historischen Fährplatz Sundgarden nördlich von Lillehammer. Sie mähen den Rasen und halten den Bade- und Grillplatz sauber, freiwillig und ehrenamtlich in ihren Sommerferien.

treiben Kühe vor uns her, die den Weg nur widerwillig freigeben wollen. Wir überholen unser geparktes Auto und steigen durch dunklen Nadelwald an zahlreichen großen Ameisenhaufen vorbei. Dabei erinnere ich mich an meine Schulzeit, in der ich gelernt habe, dass Ameisenhaufen immer Belege für gesunde Wälder sind. Es wird zusehends dunkler und beim Erreichen des Hofes Rinddal beginnt es – erstmals auf unserem Pilgerweg – stark zu regnen. In der alten Hofscheune finden wir ein sicheres Dach und wollen dort den Schauer abwarten. Eine Frau kommt im Regen auf uns zu, stellt sich mit dem Namen Rinddal vor und meint: „Ihr seid sicher die beiden Fotografen aus Deutschland, die heute hier vorbeikommen sollen."

Auf diesen entlegenen Höfen hoch oben an den Hängen des Tales scheinen solche „Ereignisse" genauso wichtig zu sein, wie die Fußballspiele in Südafrika. Zwei Pilger aus Deutschland, das ist hier

noch nicht alltäglich und deshalb anscheinend erwähnenswert. Leider bleibt es nicht bei einem kurzen Schauer, es regnet sich richtig ein und deshalb beschließen wir, dass ich durch den Regen bis zum Auto zurücklaufe und wir dann die heutige Tagesetappe abkürzen und zum neuen Quartier Borkerud fahren. Bei meinem nassen Rückmarsch muss ich keinen einzigen Zaun überklettern, ein Schotterweg führt direkt zum Ziel. Da waren sie also wieder, die lästigen „Schikanen".

Eigentlich wollten uns die Besitzer von Borkerud, Gertrud und Alv Lillelien, unterwegs im Wald treffen, um die letzen Meilen Olavsweg zu führen. Es war ausgemacht, sie anzurufen, sobald wir Klov erreicht haben. Nun sind wir bereits in Borkerud mitten im Wald des Gudbrandsdales, aber da ist kein Mensch. Gertrud meldet sich am Handy und lacht: „Bei dem starken Regen wollten wir euch in Klov nicht warten lassen. Deshalb sind wir ohne euren

Der Pilgerweg führt sehr oft steil bergauf in die hochgelegenen Wälder und auf die Bergkuppen und dann wieder steil hinunter ins Tal. Hier passieren wir schönste bemooste Wegstrecken mitten im Wald.

Anruf losgefahren und sitzen jetzt hier im Auto. Leider sieht es nicht nach Wetterbesserung aus. Wartet also in Borkerud, das Stabbur ist offen und trocken. Wir werden spätestens in einer halben Stunde dort sein."

Manchmal glaubten wir, Olger Rønningen hätte unseren Weg durch Gudbrandsdalen mit vielen Autoversetzungen und Treffpunkten auf Parkplätzen, die in keiner Karte zu finden sind, und endlos vielen Handynummern kompliziert gemacht. Aber alle Schwierigkeiten lösen sich immer wieder auf – so wie heute im ersten wirklich starken Dauerregen.

Gertrud und Alf kommen in ihrem japanischen Geländewagen nach Hause, weisen uns einen Stabbur zu und einen Aufenthaltsraum mit Kühlschrank, Tisch und Essgeschirr und zeigen uns Dusche und WC im Keller ihres Wohnhauses. Die beiden erzählen, dass sie „ausgestiegene Lehrer" seien und sich hier mitten im Wald sehr wohl fühlen und nun hoffen, dass mit Bekantwerden des Olavsweges auch mehr Pilger kommen. Gegen Abend hört der Regen auf. Gertrud und Alv führen uns noch zu ihrem „Badeplatz", einem kleinen Wasserfall nur 5 Minuten vom Haus entfernt, und laden uns nach dem Abendessen zu einer Plauderstunde über den Jakobsweg in ihr schönes Haus ein. Kühles norwegisches Bier gibt es an diesem gemütlichen Abend auch.

Auf der Strecke zwischen Borkerud und Ringebu haben sich die Norweger wieder eine ganz neue Taktik für uns ausgedacht. Wir laufen früh los und unsere Wirte bringen unser Auto hinunter zum Wasser. Dort stellen sie es auf den Parkplatz vom Mågåli-Camping. Auf unserem Weg durch Wald und Wiesen staunen wir über die gute Ausschilderung und ganz neue Rastplätze mit schönen Holzbänken und Tischen. Später hören wir, dass dieser Wegabschnitt vom Pilgerzentrum Hundorp betreut wird, also von unserem Freund Per Gunnar. Er ist heute und auch in den nächsten Tagen für uns und den Autotransfer zuständig.

Zwischen Sel und Nord Sel geht der Weg viele Stunden am Lågen entlang.
Das ist eine reizvolle Wegstrecke, die den Pilger richtig voran bringt.

Noch hoch oben im Wald erkennen wir bald unser Auto unten auf dem Parkplatz neben der E6. Wir steigen tiefer hinunter und finden einen Abzweig vom Olavsweg zur nahen Straße. Genau dort hängt unübersehbar ein Brief für die Weyers – von Alv und Gertrud, in dem wir erfahren, dass wir hier zum Auto abbiegen müssen. Die beiden haben also nicht nur das Auto an der Straße abgestellt, sie sind auch noch ein gutes Stück den steilen Hang hinaufgestiegen, um uns diese Nachricht an einen Baum zu heften. Die Gastfreundschaft und Hilfsbereitschaft der Norweger ist immer wieder umwerfend.

Wir zweigen aber nicht zum Auto ab, sondern gehen weiter auf dem Pilgerweg bis zum schönen Wasserfall an der Rolla brua und von dort erst hinunter zum Auto.

Am Nachmittag erreichen wir über einen langen Waldweg die schönste Stabkirche am Olavsweg Ringebu. Von der Kirche führt der Pilgerweg über die Panoramastraße mit tollen Ausblicken auf das Tal oberhalb der E6 in den Ort Ringebu. Neben unserer Pilgerherberge Jonsgard Seng befindet sich ein Sportgeschäft. Dort kaufen wir für den Weiterweg Gamaschen, um vor allem im Regen Schuhe und Hosen zu schützen. Allen Nachfolgern auf dem Olavsweg raten wir, gute knielange Gamaschen mitzunehmen. Von Ringebu führt der Pilgerweg wieder hoch in den Wald hinein und erreicht Bersveinhølen. Da donnert ein Wasserfall gute 40 m senkrecht durch einen Felsspalt hinunter in ein natürlich ausgewaschenes Auffangbecken. Mitten im Wasser dieses Beckens befindet sich eine runde Bühne und davor Holztribünen mit etwa 600 Sitzplätzen. Hier, mitten in der Wildnis und vor einer unwirklichen Kulisse finden Jahr für Jahr die Peer Gynt-Festspiele statt. Wie kann man Sprache und Musik vor dem Donnern des Wasserfalls verstehen? Zu gerne würden wir das Spektakel einmal live miterleben. Der Weiterweg führt langsam hinunter zum Talboden, unter senkrechten Felswänden entlang und ständig bergauf und

bergab. Die Wolkendecke reißt auseinander und die Sonne beginnt erneut zu brennen. Dabei laufen wir durch hüfthohe Brennnesselfelder. Dieser Weg schafft uns beide und wir sind heilfroh, endlich auf der Straße zu stehen und das Luxushotel Dale-Gudbrands gard vor uns zu haben. Zur Hotelanlage gehört auch das neue Pilgerzentrum mit Herberge, in dem Per Gunnar residiert. Mit ihm zusammen holen wir unser Auto ab, das da irgendwo hoch oben auf einem Waldparkplatz steht – und während dieser Fahrt verspricht Per, sich um Karten für die „Wasserfallspiele" zu kümmern. Der unermüdliche Per Gunnar hat uns auch die Herberge für den nächsten Tag gebucht; einen Hof mit dem Namen Øvre Kjæstad, der über dem kleinen Ort Kvam liegen soll. Aber bis dahin ist es noch ein wahrlich langer und nasser Weg. Wir besuchen den Pilgerhof Sygard Grytting – er gehört zu den schönsten am Olavsweg – und parken unser Auto einige hundert Meter höher an der Straße. Der Himmel ist bedeckt und der Weg führt lange geradeaus in einen Wald hinein. Ein älteres Ehepaar – unterwegs auf einem Sonntagsspaziergang – kommt uns entgegen. Die beiden grüßen und der Mann beginnt ohne Umschweife, uns in fließendem Deutsch die vielen Blumen zu erklären.

„Schaut einmal, das hier ist ein besonders schönes Exemplar der Flekkmarihånd. Sie gehört zur Familie der Orchideen und ist – wie viele Pflanzen bei uns – nach der Jungfrau Maria benannt. Die Flekkmarihånd ist aber die schönste."

Deutsch, so hören wir dann, habe er drei Jahre lang am Goethe-Institut in Frankfurt gelernt. Und als der Fremde von uns hört, dass wir nach Trondheim pilgern und hinter dem Gudbrandsdal eine Gruppe mit einem Hamburger Pilgerpastor treffen werden, lacht der Blumenfreund: „Das kann nur mein Freund Bernd Lohse sein, den kenne ich recht gut."

So klein ist also die Welt am Olavsweg. Die beiden Norweger bummeln zurück, wir laufen weiter – in eine dunkle Regenfront hinein. Beim Überqueren einer Alm stoßen wir auf eine Holztafel an einem Baum. Über ihr hängt eine Jakobsmuschel und auf drei Brettern stehen die beachtlichen Entfernungen nach Nidaros, Santiago und Jerusalem.

Das ist der Blick in unsere Hütte auf Skåden gård. Wir haben ein Stockbett, einen Arbeits- und Esstisch mit Stühlen und Sofa und sogar Kühlschrank und Elektrokocher mit zwei Brennstellen.

Linke Seite: Skåden gård ist ein mittelalterlicher Hof, aus dem Anna-Marie und Trond Skåden eine wunderschöne Pilgerherberge gemacht haben.

Gudbrandsdalen – der lange Weg nach Dovre

Der Regen wird stärker und wir passieren eine offene Pilgernotunterkunft, in der wir Regenschutz finden, heißen Kaffee trinken und unsere Brote essen. Dann trotten wir weiter durch kniehohes Gras und nasse Wildblumen. Die Gamaschen haben sich längst bezahlt gemacht. Am Himmel ist kein Hoffnungsschimmer auf Wetterbesserung zu sehen.

„Es kann nicht mehr weit sein bis zur Straße. Wenn wir die erreichen und es immer noch so stark regnet, werden wir Per Gunnar anrufen. Er soll uns dann dort aufsammeln."

Im Wald über Sygard Grytting „dürfen" wir erstmals auf dem Pilgerweg unsere Regenkleidung ausprobieren. Sie funktioniert gut.

Endlich an der Straße angekommen, finden wir etwas Regenschutz unter einer Hofeinfahrt. Wir erreichen Per Gunnar über unser Handy und er verspricht, uns aus dem Regen zu erlösen. Während der Fahrt zu unserem Auto erzählen wir von unserer Begegnung mit dem Deutsch sprechenden Spaziergänger. Per Gunnar lacht und klärt uns auf: „Das war Knut Kjorstad. Er ist einer unserer Naturführer und hat den Plan entwickelt, die offene Notunterkunft dort oben zu bauen. Er hat die Hütte mit dem Helikopter hinauf fliegen lassen. Und das mit euren Karten für Peer Gynt klappt auch, ich habe zwei Pressekarten für euch bekommen!"
Bei solchen Nachrichten ist der Regen schnell vergessen.
Auch in Kvam regnet es noch und wir haben etwas Mühe, unsere heutige Herberge zu finden. Da gibt es kein einziges Hinweisschild. Aber das Internetfoto hilft uns weiter.
„Schau, der Hof da oben über den Häusern, das muss Øvre Kjæstad sein. Ich erkenne das Haus."
Ein schmaler Feldweg führt steil hinauf zu dem alten Hof – und was sehen wir zuerst? Eine fast nackte junge Frau räkelt sich – immer noch im Regen – auf einem Heuballen. Vor ihr steht ein Fotograf und blitzt pausenlos.
„Das muss der Besitzer sein, der seine Frau fotografiert. Aber warum gerade heute und in dem Regen? Wenn die so weitermachen, wird sie sich erkälten", meint Renate.
„Nein, das sieht nach Profifotografie aus, mit dem starken Blitz und den Aufhellschirmen!"
Der Fotograf und sein Modell nehmen überhaupt keine Notiz von uns und arbeiten weiter. Aber da ist noch eine zweite Frau, eine angezogene. Die muss hier zum Hof gehören.
„Nein, ich habe mit diesem Hof nichts zu tun. Ich bin die Assistentin des Fotografen und wir haben diesen Hof für ein Shooting

Diese verflixten Zauntreppen zwischen den Viehweiden machen Renate zu schaffen. Kaum ist man drüben, da sieht man schon das nächste Hindernis. Aber für die kleinen „Wegschikanen" werden wir durch unglaublich viele Wildblumen belohnt. Hier blüht zarter Waldstorchschnabel zwischen sattgrünen Farnen.

gemietet. Man hat uns gesagt, wir werden den ganzen Tag alleine sein. Leider ist der Regen dazwischen gekommen, aber wir kommen aus Oslo und nach so einem langen Weg müssen wir das Wetter nehmen wie es kommt. Ob das hier eine Pilgerherberge ist? Das weiß ich auch nicht. Aber ich habe eine Nummer und werde sofort anrufen."

„Entschuldigung, wenn wir eure Arbeit stören, aber wir sind hier für heute angemeldet und Fotografen sind wir auch – und trotzdem etwas überrascht und verwirrt über die Empfangsszene. Eigentlich sind wir müde und kaputt und sehnen uns nach einem Dach und einem trockenen Raum."

Die Dame telefoniert und strahlt: „Es ist alles OK, ihr seid hier richtig. Das ist eine Pilgerherberge. Aber der Besitzer hat euch gestern erwartet, nicht heute. Er wird gleich hier sein."

Nach wenigen Minuten springt Ole Christian Rudland aus seinem Auto, schüttelt uns zur Begrüßung die Hand und kann sich vor Lachen kaum beruhigen, als er von Renate hört: „Ich habe geglaubt, dass du hier deine Frau fotografierst und uns erst viel später erwartet hast!"

„Die Geschichte ist gut, die werde ich heute Abend zu Hause erzählen. Ehrlich, ich habe den Hof für heute an das Fototeam vermietet, aber nicht gewusst, was die da fotografieren wollen. Aber so schlecht sind die Bilder doch gar nicht, schaut mal, jetzt muss die Frau Milchkannen durch den Regen tragen und der Fotograf läuft ihr und ihren gar nicht so üblen Pobacken hinterher."

Ole Christian öffnet das Stabbur und uns bleibt wieder – wie beim ersten Blick auf diesen Hof – der Mund offen vor Staunen: Das Licht springt im Flur und im Wohnzimmer automatisch an.

Oben: Die Herberge Borkerud liegt mitten im Wald. Ihre Gäste werden im alten Stabbur untergebracht und haben einen eigenen Aufenthaltsraum mit kleiner Küche.

Mitte: Dieses Schild – hier in Borkerud – weist viele Herbergen am Pilegrimsleden aus. Das rote Kreuz ist das traditionelle St. Olav Kreuz. Das graue Symbol steht für touristische Sehenswürdigkeiten. Die Kombination ist das Ergebnis eines Designer-Wettbewerbes aus dem Jahr 1995.

Rechts: Und überall Heckenrosen, die wir schon riechen, bevor wir sie sehen. Der Olavsweg gleicht im Gudbrandsdal einem langen Gartenweg durch endlose Blumenrabatten.

Und was ist das für ein Wohnzimmer in einem Stabbur! Bequeme Sitzecke mit einem riesigen Flachbildschirm, langer Holztisch, moderne Küche und ein rustikaler Kamin.
Ole Christian Rudland betreibt in Kvam den KIWI-Supermarkt und hat diesen historischen Hof mit viel Liebe und Sachkenntnis

zu einem wahren Schmuckstück am Olavsweg hergerichtet.
„Ich werde Feuer machen, ihr seid heute lange durch den Regen gelaufen. Im Kühlschrank findet ihr alles, bedient euch nur und für den Abend stelle ich euch eine Flasche Rotwein bereit. Sicher wollt ihr das Endspiel sehen, dazu gehört auch bei uns in Norwegen guter Wein. Leider ist Deutschland nicht mehr dabei, ihr wart ja so gut. Ich werde euch das richtige Programm einstellen, dann müsst ihr nicht lange suchen. Schlafzimmer und Bad findet ihr oben. Wann wollt ihr morgen frühstücken? Ich werde dann hier sein und alles frisch mitbringen. Hier ist meine Handynummer, ruft an, wenn etwas fehlen sollte. Und bedient euch auch mit dem Kaminholz im Flur, das ist trocken und wir haben genug davon."
In so einer Herberge und nach so einem Redeschwall sind wir sprachlos. Nach dem Regentag erscheint uns die Begrüßung eher wie eine Fata Morgana.
Das Osloer Fotografenteam verabschiedet sich: „Entschuldigt den etwas seltsamen Empfang, wir machen jetzt Schluss. Bis Oslo

zurück sind es mindestens drei Stunden auf der E6. Aber die wird heute leer sein, die Norweger werden hoffentlich alle Fußball gucken."

Die Fotografen reisen ab, das Modell ist wieder angezogen, und Renate fragt mich fast ungläubig: „Haben wir schon mal so komfortabel übernachtet?"

„Das wird sich zeigen, wenn wir den Wein probiert haben, nachher beim Endspiel in Südafrika."

„Tue deinem Körper Gutes, damit die Seele Lust hat, in ihm zu wohnen", sagte einst Theresa von Avila (Spanische Mystikerin, Kirchenlehrerin und Heilige aus dem 16. Jahrhundert). Wir tun unserem Körper Gutes, denn nördlich von Kvam laufen wir durch die vielleicht schönsten Waldpassagen im gesamten Gudbrandsdal. Da leuchten graue und weiße Moosteppiche um uns herum in der Sonne, schöne Wegzeichen sagen, dass wir richtig sind und meterhohes Farnkraut erinnert uns an die subtropischen Regenwälder im Westen Neuseelands. Wir erinnern uns gerne an das Naturparadies Neuseeland! Der Pilgerweg verführt hier mit seiner geradezu verschwenderischen Naturkulisse zum pausenlosen Meditieren – und das tut der Seele wirklich gut.

Von Kvam sind es noch drei Wandertage bis zum Talende und der Weg führt einmal durch die eben beschriebenen Wälder, dann – zwischen Sel und Nord Sel – wieder im Talgrund über Wiesen und am Wasser entlang und schließlich – bei Vollheim – über dramatisch schmale Passagen zwischen steilen Felsen und der Dovrebahnlinie darunter, die bei Nässe schwer zu gehen sind. Am Talende liegt die kleine Ortschaft Dovre mit der seltsamen Kirche, die in schwarze Schieferplatten gehüllt ist. Vor ihr steht ein weiterer Meilenstein: 250 km bis Nidaros. Hier gibt es ein ganz besonders aktives Pilgerzentrum, belebt und beseelt durch den norwegischen

Pastor Hans-Jacob Dahl. Etwas außerhalb von Dovre liegt die historische Herberge Toftemo mit Zimmern, Hütten und einem Campingplatz direkt am Wasser. Dort quartieren wir uns ein und Renate lässt sich von Oda Marie Landheim, der Tochter des Hauses, die spannende Geschichte dieser alten Skystasjon erzählen. Eine Skystasjon war immer eine Station zum Pferdewechseln. Auch der König musste hier seine Pferde wechseln, wenn er über das Dovrefjell nach Trondheim fahren wollte. Geschlafen hat er allerdings in Tofte, einem Hof oberhalb von Toftemo.

Seit 1600 sind Tofte und Toftemo in Familienbesitz und 1820 – damals wurde die erste E6 gebaut – hat man die alte Pferdewechselstation zum Hotel umgebaut. Oda Marie zeigt uns in ihrer Privatwohnung einen großartig bemalten Schrank mit dem Monogramm von König Christian VII. aus dem 18. Jahrhundert und auch altes Tafelsilber – Hochzeitsgeschenke ihrer Großmutter.

Das Hotel Toftemo und vor allem die Privaträume der freundlichen Besitzer erscheinen uns wie ein lebendiges Museum aus einer Zeit, in der man nur als Pilger zu Fuß oder zu Pferd und mit der Kutsche weiter nach Norden vordringen konnte.

Kaum sitzen wir am Abendbrottisch, da geht die Tür auf und Trevor tritt ein. Fröhlich wie immer setzt sich der Mann zu uns, schimpft über die unzähligen Zaunübersteigungen der letzten Tage und empfiehlt uns ganz neue und völlig unbekannte Pilgerherbergen und Klöster in Irland.

„Das müsst ihr unbedingt machen, da war vor euch noch kein Mensch – außer mir!"

Wir werden hier auch „die Pferde wechseln" und mit einer neuen Strategie weiter gehen, mit einer von Bernd Lohse organisierten und geleiteten Pilgergruppe, die wir morgen schon in Hamar treffen werden.

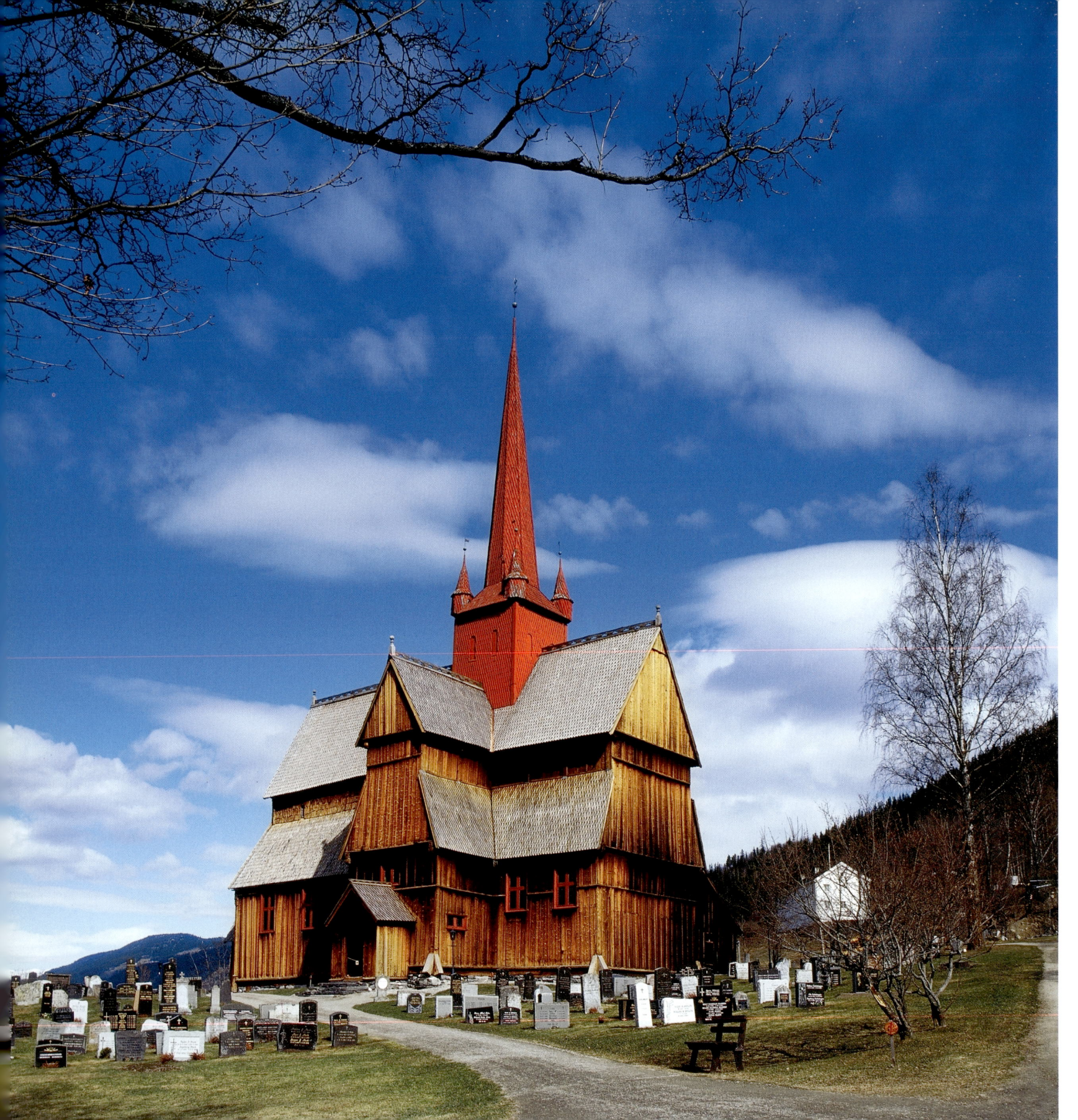

Nach der Christianisierung durch König Olav wurden im Laufe des Mittelalters bis zur Reformation (1536) schätzungsweise tausend Stabkirchen in Norwegen gebaut. Davon stehen heute noch knappe 30. Die Stabkirche zu Ringebu gehört zu den schönsten Kirchen am Olavsweg und wurde 1220 errichtet. Als Stabkirche wird eine besondere Bauform bezeichnet, die einmal in Norwegen, Schweden und Dänemark verbreitet war. Aber in Schweden und Dänemark sind alle Stabkirchen für immer verschwunden.

Die Konstruktion sieht so aus: Auf eine Grundmauer werden Schwellen gelegt. Sie tragen dann die Stäbe, die mit Säulen zu vergleichen sind. Alle Holzteile sind verzapft, man findet keine Nägel. Andreas-Kreuze und Halbbögen wirken dabei stabilisierend. Die Stabkirchen hatten zunächst keine Fenster, nur kleine bullaugenförmige Lichtöffnungen hoch oben in den Wänden. Längs der Wände befanden sich früher Bänke für Alte und Gebrechliche, während die übrige Gemeinde stehen musste. Wenn wir vor der Ringebu-Kirche stehen, fällt uns die großartige Farbenpracht des alten Holzes und der leuchtend rote Turm auf. Im Gegensatz zu ihr sind die meisten norwegischen Stabkirchen dunkel und eher farblos. Nach der Reformation wurde die Stabkirche im Jahr 1630 von dem Baumeister Werner Olsen zu einer Kreuzkirche umgebaut. Das Querschiff und der Turm sind also nicht so alt wie die Urkirche.

Dann treten wir ein und stehen atemlos in einer komplett anderen Welt: im Mittelalter. Wir bewundern die dekorativ bemalten Säulen (Stäbe), die das Dach tragen, sehen viele historische Bilder, Kruzifixe aus dem 14. Jahrhundert und andere Zeugen der Vergangenheit. Im Hintergrund wird der Altar des Meisters Johannes Lauritzen Skraastad aus dem Jahr 1668 von Kerzen beleuchtet. Wir erkennen Bilder des heiligen Abendmahls, der Kreuzigung sowie Moses mit den zehn Geboten, Paulus mit seinem Schwert, Aron mit dem Weihrauchgefäß, St. Jacob mit einer Buchrolle, Johannes mit dem Adler und viele andere biblische Personen.

Viele Wegzeichen am Olavsweg sind durch Witterung und Patina zu richtigen Kunstwerken geworden. Ein fremder Wanderer macht uns auf diese seltene Orchideenart aufmerksam: „Schaut einmal, diese schöne „Flekkmårihand" ist nach der Jungfrau Maria benannt."

Hier quälen wir uns über ein unangenehmes Hangstück kurz vor Dale-Gudbrands gard. Der schmale Pfad führt endlos bergauf und bergab über grobe Felsbrocken und durch hüfthohe Brennnesselfelder hindurch – und das bei einer erbarmungslosen Sonne, die hoch am wolkenlosen Himmel steht.

Renate diskutiert mit
Per Gunnar Hagelien
vor dem Pilgerzentrum in
Dale-Gudbrands gard
unsere nächsten Pilger-
etappen und die notwen-
digen Autoversetzungen.

Die Wikinger hatten ihre eigene
Runenschrift. Im Pilgerzentrum
Dale-Gudbrands gard befindet sich
diese Übersetzungstafel.

Das Luxushotel Dale-Gudbrands gard steht in Hundorp auf historischem
Boden. Hier fand vor 1.000 Jahren die berühmte Bekehrung der
Heiden durch König Olav statt. Zum Hotel gehört auch ein neu eingerichtetes
Pilgerzentrum mit Doppelzimmern und einer Gemeinschaftsküche.

Sygard Grytting, nur 8 km hinter Dale-Gudbrands gard, ist wieder so ein schöner historischer Hof, der zu einer Pilgerherberge und einem Hotel umgebaut wurde.

Sygard Grytling

Stig Grytting ist Besitzer der Pilgerherberge und des gleichnamigen Hotels.

Die Pilger schlafen im alten Stabbur, der nach historischen Vorlagen neu eingerichtet ist. Über den Bettkojen hängen Schafsfelle zum Zudecken. Natürlich kann auch jeder Pilger seinen eigenen Schlafsack benutzen.

Der großartige Wasserfall
Bersveinhølen dient auch als
dramatische Naturkulisse
für die Per Gynt Festspiele.

Das Pilgerzentrum in Dalé-Gundbrands gard
hat eine Notunterkunft auf die Alm Skard gestellt.
Sie bietet immerhin Regen- und Windschutz.

Auf der Alm Skard stoßen wir auf dieses Schild
mit der Jakobsmuschel darüber. Es regnet –
und wir sind froh, dass wir nach links müssen und
nicht nach Jerusalem oder Santiago.

Øvre Kjæstad in Kvam gehört zu den ungewöhn-
lichsten Herbergen im Gudbrandsdal. Hier
haben wir am flackernden Kamin Luxus pur
genossen. Ole Christian Rudland ist der Besitzer
von Øvre Kjæstad und auf dem Olavsweg
ein ganz besonders liebenswerter Gastgeber.

Diesen schönen Blick auf das romantische Gudbrandsdal hat man vom Pilgerweg oberhalb von Kvam.
Unten im Tal fließt der Lågen durch dicht bewaldete Berghänge.

Über den Lågen führen Brücken, neue
und feste und auch alte, denen man
nicht mehr trauen kann. So ist es bei der
Storrustbrua, die für Autos gesperrt ist,
nicht aber für Pilger.

Im oberen Gudbrandsdal wird der Lågen schmaler und reißender.
Aus den Seitentälern und von den Bergen stürzen unzählige Wasserfälle
in den Fluss – so wie hier der Kversteinhølen bei Kvam.

Aus der Dovre-Kirche hat Pastor Hans-Jacob Dahl ein besonders lebendiges Pilgerzentrum mit vielen eigenen Aktivitäten gemacht. Die kreuzförmige Holzkiche wurde 1736 errichtet. Im frühen 19. Jahrhundert hat man den Turm angebaut und die Kirche mit schwarzen Schiefertafeln verkleidet. Das Innere der Kirche beeindruckt durch protestantische Schlichtheit und eine wunderschöne Blockhausbauweise. Das in der Mitte hängende Schiff ist typisch für viele norwegische Kirchen.

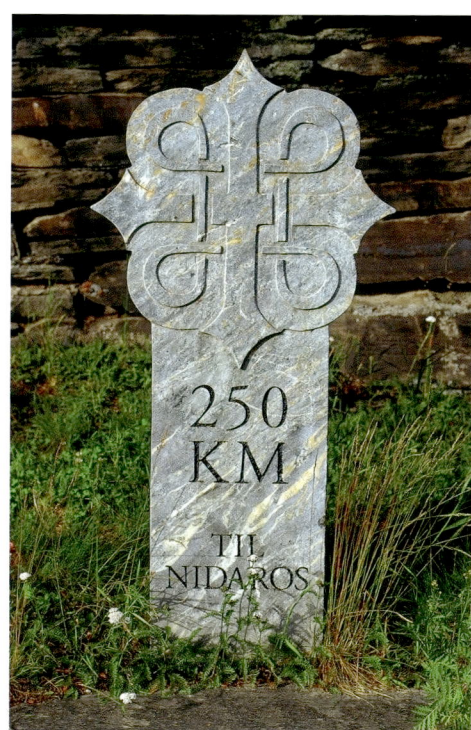

Burden down Lord

Olavs zweiter Traum

Der König – wieder ohne Land – fand in der Fremde keine Ruhe. Im Traum erschien ihm erneut ein Mann und sprach:

Fahre in dein Reich zurück und lass dich nicht durch deine Untertanen erschrecken. Eines Königs Ruhm ist,

über seine Feinde zu siegen, und ein ehrenvoller Tod ist es, in der Schlacht mit seinen Kriegern zu fallen. Oder zweifelst

du daran, dass du das volle Recht auf deiner Seite hast? Fahre getrost in dein Land, von dem Gott Zeugnis

ablegen wird, dass es dir und deinem Volk gehört.

In der Vergangenheit, besonders im Mittelalter, gingen Menschen auf Pilgerwege, um Ablass zu erhalten, um Heilung zu finden oder Trost und Vergebung. Heute sind die Menschen – und es werden immer mehr – schlicht auf der Suche. Was und wonach suchen sie? Nach Ruhe vom alltäglichen Stress. Nach eigenen Standpunkten für ihr ganz persönliches Leben. Nach Werten, die in unserer kapitalorientierten Gesellschaft abhanden gekommen sind.

Bei dieser Sinnsuche hat der Heilige oder sein Grab am Ziel der Pilgerschaft lange nicht mehr den Stellenwert wie früher einmal. Die Heiligen Jakobus oder in unserem Fall Olav sorgen für ein Ziel, für einen würdigen Schlusspunkt. Sinn und Gewinn spielen sich nicht in Nidaros ab, sondern im langen Weg dorthin; in den vielen Gedanken, für die man endlich Zeit findet, in Gesprächen, die in beachtliche Tiefen führen, weil keine Ablenkung durch den Lärm unserer Zivilisation da ist und in Handlungen, die wir alleine gar nicht durchführen können – wie die tägliche Feier des Abendmahles. Beim Pilgern tun wir Dinge, die dem Wanderer fremd sind. Wir singen und beten, wir meditieren und schweigen. Und dabei hören wir dem Wind zu, dem Wasser, den Vögeln und den Schafsglöckchen. Das alles ist Balsam für die Seele.

„Pilgern", schreibt Abtprimas Notker Wolf, „setzt den Mut voraus,

Budsjord ist die letzte Pilgerherberge vor dem Aufstieg zum Dovrefjell und gehört noch zum Gudbrandsdal. Der schöne Hof aus dem Mittelalter besteht aus mehreren Hütten, die liebevoll nach historischem Muster hergerichtet sind.

ein Experiment mit sich selbst zu wagen. Und das ist ein durch und durch christlicher Mut."

Wir sind bis Dovre bereits knapp 250 km gepilgert, alleine. Jetzt aber führt unser Experiment auf einen ganz neuen Weg; wir werden Mitglied einer Pilgergruppe, einer Gemeinschaft. Da müssen wir uns integrieren und unterordnen. 16 Pilger aus unterschiedlichen Kreisen mit vielschichtigen Erwartungen wagen gemeinsam dieses christliche Experiment. Die Gruppe besteht aus Katholiken und Protestanten – genau wie wir als Ehepaar. Bernd Lohse wird und führen und die Wanderung zu einem geistlichen Weg gestalten. Da haben wir von heute ab einen Kompass. Dazu kommt noch ein Fernsehteam des NDR. Das sind drei Männer und eine Frau, die lernen müssen, was hier eigentlich vorgeht und was das für Menschen sind, über die sie berichten wollen. Wir müssen im Gegenzug genauso lernen, wie die vier arbeiten und wie viel von uns wir der anonymen und seelenlosen Kamera preisgeben wollen. Das Experiment Olavsweg wird ab Dovre richtig spannend werden.

Bei den 16 Pilgern handelt es sich um 12 Einzelreisende und 2 Ehepaare: Weyers und Alts. Mit Bigi und Franz Alt sind langjährige Freunde zu uns gestoßen, und wir freuen uns alle vier auf die gemeinsamen Pilgerwochen.

Set out! You were born for the road – the pilgrims road! Mit diesem eindrucksvollen Text eines fremden Pilgers beginnt Bernd Lohse seine erste Abendandacht im Wanderheim von Hamar. Am nächsten Morgen stehen wir im Halbkreis um den

Links: Der Bahnhof in Dovre erinnert entfernt an
einsame Wildwestromantik. Hier hält die Dovrebahn,
die Trondheim mit Oslo verbindet.

Rechts: Auf dem historischen Königsweg treffen wir
auf blaue Kronen als Wegmarkierungen.

schlichten Altar der Domruine und lauschen Bernds Worten:
„Die Zeit des Aufbruchs ist gekommen. Pilger und Pilgerin zu
werden bedeutet, sich auf einen Weg zu begeben; auf einen inneren Weg und einen äußeren. Pilger bedeutet wörtlich übersetzt
fremd, ausländisch. Wir sind beides, fremd und ausländisch
in diesem Land. Es ist gut, wenn ein Fremder erlebt, dass ihm
gastfreundlich begegnet wird.
Wir stehen vor einem Aufbruch zu einem Ziel mit neuen Wahr-
nehmungen, die unterwegs entstehen werden; begleitet von Kurs-
korrekturen und neuen Schritten, neuem Hinschauen, neuem

Wahrnehmen, sich überraschen lassen, ins Staunen kommen.
Werden wir Wunder erleben?"
Wir singen gemeinsam das Lied *Vertraut den neuen Wegen*. Dann
feiert Bernd Lohse mit uns das Abendmahl und dabei empfinde
ich zwei Aspekte großartig und bemerkenswert: das ist einmal
dieser ganz ungewöhnlich schöne und spirituelle Ort unter dem
Glasdach und dann ist da die Tatsache, dass hier Protestanten
neben Katholiken stehen und von einem evangelischen Pilgerpastor gemeinsam Brot und Wein bekommen, für den Ökumene
selbstverständlich ist. Es kann doch gar nicht sein, dass Gott
zwischen von Menschen gemachten Konfessionen unterscheidet.
Und wer das heute immer noch tut, hängt mittelalterlichen
Strukturen hinterher – und sollte pilgern gehen. Auf dem Jakobsweg wird er Gleiches erleben wir hier auf dem Olavsweg.
Nach dem Pilgersegen bittet auch die Crew vom Fernsehen um
das Abendmahl. Damit haben sie sich in unsere Gemeinschaft
gestellt und das gegenseitige Vertrauen, ohne das kein guter Film

entstehen kann, ist gewachsen.

Nach dem Gottesdienst fahren wir mit unseren Autos von Hamar nach Budsjord, wo morgen unser Fußweg beginnen wird. Der mittelalterliche Hof Budsjord wurde bereits 1920 unter Denkmalschutz gestellt und besteht aus einem Dutzend alter Häuser, die liebevoll renoviert sind und deshalb immer noch den Charme des Gudbrandsdals im 18. und 19. Jahrhundert widerspiegeln. Der Olavsweg führt von Dovre nach Budsjord und dann weiter auf das Dovrefjell hinauf. Renate und ich finden Matratzen im alten Pferdestall und haben damit ein „Zweibettzimmer". Nach dem hervorragenden Abendessen mit norwegischen Spezialitäten – Rømme grød – müssen wir noch die Fahrzeuge versetzen. Die Gruppe verfügt über zwei Minibusse, dazu kommt unser Privatauto. Wir fahren mit den Autos knappe 100 km bis Oppdal und stellen zwei Fahrzeuge auf einen öffentlichen Parkplatz. Ein Minibus bleibt bei der Gruppe, mit ihm wird das Gepäck täglich transportiert. Das ist eine gute Lösung in so einer großen Gruppe. Für den Notfall steht das Auto dann ja auch für Krankentransporte zur Verfügung.

Wir kommen erst spät aus Oppdal zurück und finden unsere Gruppe vor einem gemütlich flackernden Kaminfeuer. Die regelmäßigen Abendandachten stehen jetzt ganz unter dem Motto des Lebens und Sterbens von König Olav, der in Norwegen ähnliche Spuren hinterlassen hat wie die heilige Birgitta in Schweden. Birgitta Birgersdotter lebte im 14. Jahrhundert und gründete im schwedischen Vadstena den Erlöserorden. 1391 wurde Birgitta vom Papst heilig gesprochen. Der Trondheimer Pilgerhof hat aus Olavs und Birgittas Leben je 7 Schlüsselworte herausgearbeitet und die des Mannes denen der Frau gegenüber gestellt. Bernd Lohse hat sie für seine Pilger übersetzt. Diese Schlüsselworte werden im Mittelpunkt unserer Andachten und Diskussionen bis Trondheim stehen und sollen uns auch tagsüber beim Pilgern beschäftigen. Ob sie uns innerlich bereichern, wird sich zeigen.

Kraftfülle ist das erste Olavswort und *Langsamkeit* das der Birgitta. König Olav war von Jugend an ein wahres Kraftpaket, zunächst als kriegerischer Wikinger und dann als christlicher König. Er gehörte zu den besten Bogenschützen Norwegens und hatte auf Grund seines Glaubens immer die Kraft, auch gegen ein zahlenmäßig überlegenes Heer zu kämpfen und zu siegen.

Beim Pilgern brauchen wir ebenfalls Kraft, um steile Anstiege zu bewältigen und um innere Zweifel zu überwinden, wenn ein Schauer in Dauerregen übergeht oder wenn ein Abstieg in den Füßen oder Knien richtig weh tut. Und wir müssen lernen, unsere vorhandene Kraft rationell einzuteilen.

Vor einigen Jahren – da war ich noch jünger und kräftiger – überquerte ich zusammen mit meinem Eskimofreund Ajako einen 800 m hoch gelegenen Gletscher in Thule. 14 Hunde zogen unseren Schlitten und wir schoben so gewaltig, dass mir der Schweiß in den Filzstiefeln gefror. Das Thermometer zeigte etwa minus 30 Grad und ich glaubte kurz vor dem Scheitelpunkt, am Ende meiner Kraft zu sein. Da sah mir Ajako, der erfahrene Jäger und Fänger, fest ins Gesicht und sagte sehr ruhig und überlegt: „Wenn du glaubst, du kannst keinen Schritt mehr tun, dann reiß dich zusammen und geh einfach weiter. Denn du kannst in Wahrheit noch einmal so weit laufen, wie du es heute schon getan hast." Ajako hatte Recht. Auf diesem Pilgerweg habe ich schon oft an den Eskimo gedacht – und dann bin ich lächelnd weitergegangen. Sympathischer ist mir das erste Schlüsselwort der heiligen Birgitta: *Langsamkeit*. Die Langsamkeit des Fußgängers ist die ideale Grundlage, um Gedanken zu ordnen. Unmittelbar vor unserer

Burden down Lord

Pilgerreise waren wir in der Wüste Gobi gewesen und dort haben uns die mongolischen Nomaden eine wichtige Lebensweisheit mitgegeben: In der Eile sind Fehler.

Wie wahr! Überstürzte Worte sind oft nicht lange genug überdacht, bei schnellen Schnappschüssen unterlaufen auch mir, dem Profifotografen, Fehler, die nicht mehr zu korrigieren sind. Aus diesen Erfahrungen lernen wir, dass Langsamkeit eine gute Tugend ist, ganz besonders auf einem Pilgerweg.

Kraft und *Langsamkeit* scheinen mir ideale Partner zu sein – danke für diese Schlüsselworte zwischen Himmel und Erde.

Unser Aufbruch in Budsjord ist vom Wetter gesegnet; der Himmel strahlt tiefblau und die fernen Bergkämme erscheinen in der sauberen Luft Norwegens unglaublich klar und nah. Wir haben eine beachtliche Wegstrecke vor uns und müssen heute 600 Höhenmeter überwinden. Der Olavsweg führt gleich wieder über Zauntreppen und dann steil hinauf zum Fjell. Bernd läuft mit seiner eigenen Kraftfülle vorne weg und scheint Birgittas Schlüsselwort einfach vergessen zu haben; die Langsamkeit. Wir hasten hinterher – und werden trotz des relativ scharfen Tempos von unserem Fernsehteam überholt. Alle vier laufen schwer bepackt mit Kamera, Stativ, Tongeräten und Aufhellschirmen an uns vorbei, um die aufsteigende Gruppe von vorne zu filmen. Was für eine Leistung – Respekt!

Heute stoßen wir auf neue Wegzeichen; eine blaue Königskrone auf schiefergrauen Steinen und Platten. Wir laufen über den historischen Kongeveien, den Königsweg, zunächst durch Wiesengelände bis zu einem Schotterweg, der dann an der Baumgrenze in einen schmalen Pfad übergeht.

Im Gudbrandsdal wurden wir von bunten Blumen ebenso verwöhnt wie auf dem Jakobsweg. Hier oben gibt es dagegen nur Moose und Flechten, aber die in üppigen Farben Grün, Gelb, Rotbraun, Grau und Weiß.

Gegen Mittag erreichen wir einen knapp drei Meter hohen Steinhaufen mit dem Namen Allmansrøysa. Bernd stimmt das Gospel an *Burden down Lord* und umkreist mit uns allen singend die grauen Steine.

Burden down Lord, since I lay my burden down.
Wonder will my sister know me,
since I lay my burden down.
Wonder will my brother know me,
since I lay my burden down.

Von der Last befreit, Herr,
da ich meine Last niedergelegt habe.
Ich frage mich, ob meine Schwester mich noch kennt,
seit ich meine Last niedergelegt habe.
Ich frage mich, ob mein Bruder mich noch kennt,
seit ich meine Last niedergelegt habe.

Wir waren auf diese Begegnung vorbereitet und legen nun einen mitgebrachten Stein zu den bereits hier liegenden. Damit symbolisiert der Pilger das Ablegen einer ganz privaten Seelenlast. Natürlich werden Renate und ich an diesem spirituellen Platz hoch oben auf dem Dovrefjell an den Jakobsweg erinnert; an das Cruz de Ferro (Eisenkreuz) bei Foncebadón. Dort haben wir vor drei Jahren kleine Stücke Bernstein aus meiner Heimat Ostpreußen niedergelegt und eine tibetische Gebetsfahne am Holzmast befestigt, der das Eisenkreuz trägt. Damit wollten wir an die Unterdrückung des tibetischen Volkes erinnern.

Eigentlich sollte der Pilger am Cruz de Ferro und genauso hier

Unsere Gruppe, angeführt vom Hamburger Pilgerpastor Bernd Lohse, verabschiedet sich in Budsjord von der Wirtin Ashild Killi (vierte von links) und beginnt den langen Anstieg auf das Dovrefjell, dessen Überquerung eine knappe Woche dauern wird.

am Allmansrøysa einen Stein niederlegen, den er von zu Hause mitgebracht hat. Aber unsere stammen von der Kirchenruine Hamar. Diesmal haben wir keine tibetische Gebetsfahne dabei und werden trotzdem an das schöne Land zwischen dem Himalaya und der Wüste Gobi erinnern. Franz Alt stößt mich an:

„Schau dir diese Landschaft an, die kennen und lieben wir beide."

„Du hast Recht, das ist unser Tibet, und selbst die Wolkenberge passen genau dazu."

„Nur, diese großartige Hochebene um uns herum ist frei – und Tibet leider nicht!"

Schon haben Bigi und Renate sowie Franz und ich unser Lieblingsthema gefunden.

„Habe ich euch schon erzählt, was mir der Dalai Lama bei unserer letzten Begegnung anvertraut hat? Er isst seit geraumer Zeit nicht mehr am Abend und glaubt fest daran, dass er alleine deshalb mit Sicherheit über 100 Jahre alt wird. ‚Die Chinesen werden sich noch wundern!'"

Ich kann mir nur zu gut das spitzbübische Lächeln Seiner Heiligkeit bei dieser Bemerkung vorstellen. In meinem ganzen Leben habe ich keinen Menschen getroffen, der wundervoller zu lächeln versteht als der Dalai Lama. Und dazu gehört bei ihm auch ein schadenfrohes Lachen.

Und nun laufen wir durch eine Welt, die Tibet sehr ähnlich ist, und stellen fest, dass intensive Gespräche die Länge des Weges

Franz Alt und seine Frau Bigi gehören zu unserer Pilgergruppe. Franz wird am ersten Marschtag 72 Jahre und ist damit unser Senior. Mein Geburtstagsgeschenk für Franz ist diese Weisheit: „Mit dem Alter werden deine Schritte immer kürzer."

und die vielen Stolpersteine unterwegs schnell vergessen lassen. Vor uns sehen wir bereits den Hof Fokstugu. Das wird unser heutiger Übernachtungsplatz sein. Bernd unterbricht unsere Tibet-plauderei und ordnet Schweigen an – bis wir eine kleine Gruppe von windzerzausten Krüppelbirken erreichen. Durch ein Hand-zeichen lässt Bernd halten und sagt zu uns: „Die Bäume haben eine Seele und sprechen zu dem, der genau hinhört. Versucht es mal. Unser Schweigen endet hier und ich bitte euch; schaut ein-mal alle zurück. Ihr seht den Weg, den wir gekommen sind, aber nur ein kleines Stück weit. Andere Wegstrecken, die hinter uns liegen, können wir nur ahnen. Was fällt euch bei so einem Rückblick ein? War es ein Weg mit Gott? Gab es Momente seiner Gegenwart? Und auch Momente seiner Verlassenheit? Manches Wegstück war von Sonne beschienen, und manche Wegstrecke liefen wir unter dunklen Wolken. Verneigen wir uns vor unserem Weg, den wir zurückgelegt haben.

Und nun dreht euch bitte um. Da ist der neue Weg vor uns, dort unten liegt Fokstugu und den hohen Rücken rechts dahinter werden wir morgen überschreiten, den blauen dort, der fast an die Wolken stößt, übermorgen. Der Weg vor uns ist unsere Zukunft. Wir können noch nicht sehen, ob der Weg steil und steinig sein wird, nass oder trocken. Aber wir wissen, dass es eine Zukunft mit Gott geben wird. Verneigen wir uns vor dem Weg der Zukunft." Wir passieren Schneereste vom letzten Winter (es ist Mitte Juli). Dann führt der Olavsweg stundenlang bergab. Wir müssen nasse Moore überqueren und kleine Flussläufe, auf Steinen balancierend. Erste Krüppelbirken tauchen neben dem Pfad auf und mit jedem Schritt scheinen die Blumen am Weg wieder größer und leuchtender zu werden.

Ruste ist der letzte bewohnte Hof vor dem Dovrefjell. So schöne Stabburs gibt es dort.

Ein Fernsehteam des NDR begleitet uns
von Dovre bis Trondheim. Peter
von Sassen, Chefredakteur des Nordseereport
stellt Fragen an die Pilger (l. u. r.)

Kameramann Jörg Teiwes hat seine schwere Ausrüstung an der
Gruppe vorbeigeschleppt, um von vorne zu filmen (l.).

„Der Weg über das Dovrefjell ist das schwierigste und gefährlichste Stück des Weges. Es gibt wilde Tiere, unberechenbares Wetter, Trolle …", schreibt Bernd Lohse in seinem Pilgerkrimi *Familienbande*.

Die Flechten und Moose auf Steinen und am Boden in den Farben Weiß, Grau, Grün und Rotbraun gleichen einer großartigen Farbsinfonie. Es ist erstaunlich, dass hier oben, wo acht bis neun Monate lang Schnee liegt, Pflanzen nicht nur Widerstand leisten, sondern eigene Reiche ausbilden und ständig vergrößern.

Der Allmansrøysa ist eine Steinansammlung auf dem Dovrefjell, an dem der Pilger symbolisch eine Seelenlast ablegen kann.

Die weite, karge Landschaft ohne Baumbewuchs mit den typisch norwegischen Wolkenbergen erinnert uns an die Hochebenen Tibets.

Die Höhe des Fjells ist erreicht. Wir haben eine neue faszinierende Welt zwischen Erde und Himmel betreten;
Moose und Flechten und grandiose Ausblicke hinter den Horizont.

Unsere Pilgergruppe stemmt sich gegen den Nordwind auf dem Fjell. Vorneweg laufen Bernd und Renate, in ein Gespräch vertieft.

Die blauen Kronen auf grauen Steinplatten sagen, dass wir uns auf dem richtigen Weg befinden.

Fokstugu Fjellstue

Olavs Märtyrertod

Mit einem kleinen Heer zog Olav nun durch Schweden nach Norwegen. In Stiklestad warteten seine Feinde in

großer Übermacht. In der Entscheidungsschlacht am 29. Juli 1030 fiel der König mit einem Großteil seines hoffnungslos

unterlegenen Heeres: Thorstein Schiffsbauer schlug mit einer Axt und der Schlag traf das linke Bein des Königs.

Olav lehnte sich nach dieser Verwundung an einen Stein und warf sein Schwert fort. Er bat Gott um Hilfe.

Nun stieß Thorir Hund mit seinem Speer nach ihm und der Stoß drang dem König in den Leib. Schließlich hieb

Ralf Arnisson auf ihn und traf Olav am Hals. Durch diese drei Wunden verlor der König sein Leben.

Fok heißt Schneetreiben (Schnee in Bewegung) und stugu Hütte. Dieser Name deutet schon auf einen ungewöhnlichen Ort hin. Der Hof Fokstugu liegt auf dem Fjell 1.000 Meter hoch und ist Wind und Wetter ausgesetzt wie kaum eine andere Herberge am Olavsweg.

König Oystein Magnusson ließ bereits im 12. Jahrhundert auf dem Fjell vier Häuser bauen, die Wanderern und Pilgern im Gebirge Schutz gewähren sollten. Bei diesen Häusern handelte es sich jeweils um ein „Sælehus" (Glückshaus). Das waren nicht bewirtschaftete Herbergen. Fokstugu ist das südlichste dieser vier Fjellstuer. Die ursprünglich sehr spartanische Unterkunft wurde Ende des 19. Jahrhunderts vom damaligen Besitzer Anton Solberg zu einem modernen Hochgebirgshotel mit etwa 100 Betten umgebaut. Unter den Gästen waren auch viele Naturforscher, die sich für die seltene Flora und Fauna der sumpfigen Landschaft um Fokstugu herum interessierten. So entstand 1923 das erste größere Naturschutzgebiet Norwegens nordwestlich von Fokstugu, das Fokstumyra Naturreservat. Dort findet man teilweise endemische Hochgebirgspflanzen und 170 Vogelarten.

Fokstugu, eine Schafsfarm auf dem Fjell, liegt über 1.000 m hoch und ist so der höchste Bauernhof Norwegens. In diesem historischen Anwesen befindet sich eine wunderschöne Pilgerherberge.

Heute gehört das schöne Anwesen Christiane und Laurits Fokstugu, zwei besonders liebenswerten Menschen, die uns am Abend ihre ungewöhnliche Geschichte erzählen. Wir sitzen in der Kapelle und hören gebannt Christiane zu: „Die Linie von Laurits hier auf Fokstugu beginnt bereits 1646. Damit ist er auf diesem Hof in der 11. Generation zu Hause. Aber der Gründer von Fokstugu war ja der König und deshalb war der Hof Staatseigentum bis 1930. Dann kaufte Anton, der Urgroßvater von Laurits, den Hof und einen Teil vom Grund und Boden.

Ich selbst kam als Pilgerin hier vorbei. Ich war auf meinem inneren Weg zu den katholischen Trappisten-Schwestern im Tautrakloster bei Trondheim, um Gott zu fragen, ob dort wohl zukünftig mein Platz sein sollte. Aber Gott verwies mich nach Fokstugu, an die Seite von Laurits. Nach 25 Jahren in Paris verließ ich die Großstadt schon nach wenigen Wochen und fand hier meine neue Heimat."

Christiane und Laurits leben heute von der Landwirtschaft. Sie versorgen etwa 800 Schafe. Die „Schafzüchter" haben sich mit Herz und Seele auch der Betreuung von Pilgern verschrieben.

Das Lied der Glocke.

Früher gab es auf norwegischen Höfen Glocken, die alle Bediensteten zum Essen riefen. Weil Fokstugu ein modernes Hotel war, wurde das vornehme Haus während des 2. Weltkrieges vom

deutschen Militär besetzt. Die Soldaten liebten die alte Hofglocke aus dem Jahr 1877. Vielleicht war sie auch noch älter. Auf jeden Fall wollten die Deutschen diese Glocke bei ihrem Abzug mitnehmen. Das verhinderte der Großvater von Laurits in letzter Minute. Er lief der deutschen Kolonne hinterher und zerrte seine Glocke vom Wagen der Besatzer herunter. Die aber stürzte auf einen Felsen und bekam dabei einen Riss, so dass sie nicht mehr sauber läuten konnte. Erst in unseren Tagen schickte man die Glocke zur deutschen Glockengießerei Bachert nach Karlsruhe. Auch dort konnte man sie nicht reparieren. Bachert fertigte eine neue Bronzeglocke an, der Christiane und Laurits den Namen Til Gud – Für Gott – gaben. Der Bischof von Hamar segnete die neue Glocke und gab den Fokstugus die Sondergenehmigung zum Angelusläuten:

um 8.00, 12.00 und um 18.00 Uhr ruft nun die „deutsche" Glocke Til Gud zum Gebet.

Das Angelusgebet erinnert an die Verkündigung des Erzengels Gabriel an Maria.

Der Engel des Herrn brachte Maria die Botschaft und sie empfing vom Heiligen Geist ... Die Ursprünge dieses Läutens stammen von den Franziskanern aus dem Jahr 1263. Auch in vielen evangelischen Kirchen findet sich eine Form des täglichen Geläuts als Einladung zum Gebet. Die Protestanten sprechen dabei das Vaterunser.

Das tägliche Läuten auf Fokstugu ist wieder ein Beispiel toleranter und logischer Ökumene.

Das Haus, in dem deutsches Militär wohnte und feierte, steht bis heute leer. Die Familie Fokstugu hat es nach der Besetzung nie wieder benutzt.

Der Altartisch besteht aus einer Schieferplatte, auf dem ein Eisenkreuz steht. Eine Spitze weist nach oben zu Christus, die andere zur Seite zu uns Menschen. Der Stein unter dem Altar ist weißer Granit vom Dovrefjell und soll einen Eisblock symbolisieren. Die Kargheit dieses Raumes und auch die sparsamen Farben der Steine, die auf dem Altar als Kerzenhalter dienen, sollen an das Dovrefjell erinnern.

Da ließ Gott den Wind einschlafen.

Zum Hof gehörte auch ein kleines Holzhaus, in dem früher Männer lebten und das später als Schafsstall genutzt wurde. Christiane und Laurits wollten diese verwaiste Hütte zu einer würdigen Kapelle umbauen. Da kam eines Tages ein norwegischer Pilger vorbei, hörte von dem Plan, und erklärte, dass er diese Arbeiten des Umbaus als gelernter Zimmermann gerne übernehmen würde. Der Stall stammt aus dem 18. Jahrhundert und da mussten viele Holzstämme ersetzt werden. Der Pilger suchte zusammen mit Laurits Bäume in der Umgebung aus und fertigte die Balkenstämme. Christiane sammelte indes zwanzig Säcke voll Fjellmoos, das als Dichtung dienen sollte. Hier oben auf dem Fjell weht fast immer starker Wind, aber den konnte man nicht zum Hüttenbau gebrauchen. Er würde das trockene Moos wegwehen, eher der

nächste Holzbalken darauf drückte. Es gab für den Hüttenbau nur ein kleines Zeitfenster zwischen den Herbststürmen 2008 und man einigte sich auf den 25. November. Die Balken lagen bereit, das Moos in den Säcken war trocken. Da telefonierten Christiane und Laurits mit 100 Freunden in Europa und die bildeten eine Gebetskette von Bilbao in Spanien bis ins Tautrakloster bei Trondheim und beteten um Windstille am Tag des Hüttenbaus.

Am 25. November ließ Gott den Wind auf dem Fjell für einen Tag einschlafen. Die Balken wurden übereinander gelegt und das Moos dazwischen gesteckt. Danach hat der Schöpfer seine winzige Kirche oben auf dem Fjell auch noch selbst eingeweiht, in dem er eine neun Meter hohe Schneewand um das neue Guds Huset – Gottes Haus – auftürmte. Dieses Guds Huset ist nicht nur ein Ort der Stille für Pilger auf dem Weg nach Nidaros, sondern ebenso ein Ort des Nachdenkens für alle Menschen, die hier vorüber kommen und teilweise auch länger verweilen. Inzwischen besuchen auch Strafgefangene aus norwegischen Gefängnissen regelmäßig diese Kapelle, um hier zu meditieren und um einen Weg zurück in die Gesellschaft zu finden. Weil ihnen diese Besinnungstage in Fokstugu so gut gefallen, bringen sie regelmäßig selbst gefertigte Kerzen aus ihren Gefängniswerkstätten mit.

„Dieses kleine Gotteshaus", so endet Christianes Erzählung, „soll für alle Menschen da sein: für christliche Pilger, für Gefangene, für Moslems, Buddhisten, Hindus und auch für Atheisten."

„Das war Gänsehaut pur", bemerkt Rainer nach diesem Abend in der ungewöhnlichen Kapelle.

Wir sind müde vom langen Weg und bald ist es Mitternacht. Da glüht der kleine Glockenturm neben der Kapelle unter den letzten Sonnenstrahlen des Tages leuchtend rot auf, so dass wir über so viel Himmelsnähe fast erschrecken.

Über das Fjell nach Oppdal

Das Grab über dem Dom

Thorir Hund breitete ein Tuch über den Toten, und als er das Blut vom Gesicht des Königs gewischt hatte,

sah er, dass die Wangen rot aussahen, als ob er schliefe, ja noch viel glänzender, als sie vorher waren,

da er noch lebte. Die Leiche des Königs wurde von christlichen Bauern heimlich nach Trondheim

gebracht und dort in einer Sandbank am Ufer der Nidelva begraben. Seit dem 13. Jahrhundert wird erzählt,

dass sich Olavs Grab genau dort befindet, wo heute der Hochaltar des Nidarosdoms steht.

Das war wirklich ein bemerkenswerter Tag. Christiane erzählt uns, dass es der erste richtige Sonnentag in diesem Jahr gewesen ist. „Logisch", bemerkt Bigi, „wenn Franz Geburtstag hat, scheint immer die Sonne. Deshalb heißt ja unsere Webseite auch Sonnenseite – www.sonnenseite.com."

Wir hocken in dem gemütlichen Wohnzimmer mit den alten Möbeln aus dem verlassenen Hotel und wollen noch nicht ins Bett. Peter von Sassen mischt sich in unser Gespräch: „Dieser Hof und diese beiden Menschen haben mich so stark beeindruckt, dass ich heute beschlossen habe, einen eigenständigen Film über Fokstugu zu drehen. Und wir werden – natürlich – in Paris beginnen."

Spät am Abend sind hier noch zwei junge Pilgerinnen aus den USA aufgekreuzt, Lori und Julie. Dass alle Betten durch unsere große Gruppe belegt sind, hat die beiden Amerikaner nicht weiter gestört, sie schlafen draußen im eigenen Zelt.

Am nächsten Morgen scheint der Sommer wieder vergessen zu sein. Um 6.00 Uhr früh jagen dunkle Wolken über das Fjell und treiben heftige Regenschauer vor sich her. Wir verzögern unser Frühstück ganz bewusst in der Hoffnung auf Wetterbesserung. Zunächst möchte man keinen Hund vor die Tür schicken. Nur Christiane ist schon auf dem Weg zu ihren Schafen – regensicher verpackt. Jörg, unser Kameramann vom NDR, kommt strahlend mit einem aktuellen und sehr lokalen Wetterbericht:

Der Olavsweg führt oft durch unangenehm nasse Moorlandschaften. Da balancieren die Pilger über schmale Bohlen und Holzstege.

„Bis 9.00 Uhr ist hier der Regen durch und dann werden erste Sonnenstrahlen erwartet."

Diese Nachricht tut richtig gut und beflügelt unseren Aufbruch zurück auf das windige Fjell. Bei der ersten Rast moniert Renate erneut das hohe Marschtempo von Bernd an der Spitze. Unser Pastor gelobt Besserung, genauso wie der Wettergott. Der Himmel klart zusehends auf und die Bergwelt im Nordwesten wird immer imposanter und dramatischer. Vorne sind Bernd und Bigi so sehr in ein Gespräch vertieft, dass sie einen Abzweig nach links übersehen und weiter geradeaus steil bergauf laufen. Renate diskutiert mit Ludwig über Ökumene in ihren beiden Gemeinden und signalisiert mir, dass sie nicht gestört werden möchte. Deshalb machen Franz und ich – wie so oft – den Schluss. Das steht uns auch altersmäßig zu, denn Franz wurde gestern 72 Jahre alt und ich bin gerade mal ein Jahr jünger. Die Alts sind wirklich prächtige Menschen. Sie haben die Welt bereits ein wenig verbessert und wir Weyers träumen noch davon.

„Franz, du hast Millionen Bücher verkauft und keine finanziellen Sorgen mehr. Wir haben auch mit kleinen Auflagen unser gutes Auskommen. Müssen wir da nicht irgendwann ein schlechtes Gewissen bekommen, wenn wir das ganze Elend um uns herum sehen und täglich am Bildschirm live miterleben können?"

„Zunächst einmal; wir können das Elend der Welt miterleben, müssen das aber nicht. Wir können jederzeit abschalten – und viele Menschen tun das, leider zu viele. Sie schalten ab und schaffen sich damit eine schöne, sonnige Scheinwelt, die es in

Über das Fjell nach Oppdal

Unsere Pilgergruppe kommt vom Fjell herunter und hat Hageseter erreicht.

Wahrheit gar nicht gibt. Ich glaube, wenn es einem Menschen gut geht und er gesund ist, dann hat er die verdammte Pflicht, Verantwortung zu übernehmen und Dinge anzustoßen, die für unser aller Miteinander wichtig sind. Wir beide haben uns um Tibet gekümmert und tun es immer noch. Wir Alts haben Millionen Menschen auf die Klimakatastrophe aufmerksam gemacht und tun das immer noch. Ich habe der Welt vorgerechnet, dass wir Energie für alle Zeiten und alle Menschen haben und die Sonne keine Rechnung schickt. Ihr habt mit euren Bildern Hunderttausenden Menschen gezeigt, dass es nicht nur Elend in dieser Welt gibt, sondern dass unser Planet noch lebenswert ist und dass wir alle für seinen Erhalt kämpfen müssen. Nein, wir brauchen kein schlechtes Gewissen zu haben, solange wir uns engagieren und einbringen, ganz gleich auf welchem Feld. Schau dir diesen Bernd Lohse an, er bringt Kirche und Glauben endlich raus aus den Städten und rein in die Natur. Hört die Botschaft der Naturreligionen an, da sind die Menschen auch raus gegangen, haben die Sonne und auch die Sterne angebetet. Unsere Kirche schließt sich in Mauern ein. Selbst von Schamanen können wir lernen, die reden seit Jahrtausenden mit Steinen und Bäumen. Deshalb hat es mich beeindruckt, was Bernd da gestern an der Birke gesagt hat. Und auch über den langen Weg hinter und vor uns. Bernd macht wirklich einen Superjob und bricht längst überfällige Strukturen auf. Er schickt die Menschen auf Pilgerwege, wo sie lachen und schimpfen, weinen und beten. Und das ist gut so!"
Inzwischen hat Bernd seinen Fehler erkannt und kommt zurück. Gut, dass Franz und ich so weit hinterher gebummelt sind, deshalb wird für uns der Rückweg zum verpassten Abzweig kürzer.
Mit Franz Alt unterwegs zu sein, ist immer erfrischend und nichts für Leute, die mit 70 Jahren an ihren eigenen Ruhestand denken.

Zwei junge Frauen aus den USA pilgern streckenweise mit uns zusammen: Lori und Julie aus Portland, Oregon.

Hageseter ist eine Hüttenansammlung auf dem halben Weg über das Dovrefjell.

Wir müssen einen Gebirgsbach auf rutschigen Steinen überqueren. Jeder kleine Fehltritt bedeutet nasse Füße.

„Schau dir dieses saubere Wasser an, davon hat Norwegen reichlich, aber die Welt zu wenig! Wasser wird das ganz große Thema in der nächsten Generation. Hast du Wasser fotografiert?"

„Habe ich. Alle wirklich großen Wasserfälle, viele wichtige Flüsse und die schönsten Seen zwischen Norwegen und Neuseeland."

„Das reicht. Du suchst deine Wasserbilder zusammen, ich schreibe über das Problemkind der Zukunft – Wasser. *Wasser ist Leben* wäre doch ein guter Titel."

Wir haben den quirligen Fluss überquert. Trocknen Fußes, und eine neue Buchidee ist geboren. So geht es 70jährigen auf dem Pilgerweg nach Nidaros. Franz setzt nach: „Und eines ist uns doch allen ganz schnell klar geworden: Der Mensch braucht herzlich wenig, um zufrieden zu sein. Eine kleine Brücke wäre hier schon toll, um gefahrlos über solche Flüsse zu kommen. Aber sind wir nicht alle glücklich, wenn es trocken bleibt, wenn wir ein warmes Bett vorfinden und im Windschutz eines Erdloches ein Käsebrot in den Mund schieben können? Schmeckt dieses norwegische Quellwasser nicht mindestens ebenso frisch wie Champagner aus dem Kühlschrank? Wenn die Welt doch endlich begreifen würde, dass dieser wahnsinnige Wachstumsglaube nur in die Irre führt. Wir leisten uns alle ein völlig unverantwortliches Luxusleben auf Kosten unserer Enkel und Urenkel. Die werden uns verfluchen.

Innen besticht der Raum durch Schlichtheit und Eleganz der hohen Deckenkonstruktion mit hellem und dunklem Holz im grafisch so reizvollen Wechsel. Schlicht – und deshalb eindrucksvoll – ist auch das Holzkreuz auf dem Altar. Es stammt aus der Rundom Møbelfabrik in Dombås.

Die kleine Eystein-Kirche ist das erste moderne Gotteshaus aus unserer Zeit auf dem Weg. Sie wurde 1969 gebaut und geweiht. Ihr Name erinnert an den norwegischen König Eystein Magnusson, der im 12. Jahrhundert regiert hat. Der etwas schmucklose Bau passt sehr gut zum kargen Dovrefjell.

Das luxuriöse Kongsvold-Hotel liegt „nur" 900 m hoch. Es gehört zum „Norwegischen Kulturerbe" – logisch, denn Könige haben in diesem Haus während ihrer Fahrt über das Dovrefjell genächtigt. Zum Hotel gehört auch eine Pilgerherberge, da schlafen die Gäste in einfachen Hütten. Aber auch diese „Hüttenbewohner" dürfen – und sollten – einen Blick in die schönen Luxuszimmer werfen, in denen sich einst Könige verwöhnen ließen.

Es gibt eine Studie, die besagt, dass alle Menschen dieser Welt heute mit dem Wohlstand eines Schweizer Bürgers in den sechziger Jahren leben könnten – wenn die vorhandenen Güter gerecht verteilt wären. Und wir haben in den sechziger Jahren ähnlich gut gelebt wie die Schweizer. Warum packen die Menschen diese Verteilung nicht an – dann gäbe es weder Kriege noch Terror und auch keinen Hunger mehr. Aber ich bin optimistisch, die nächste Generation wird so eine Umverteilung schaffen. Das muss einfach kommen, damit wir alle überleben können."

„Also Franz, was machen wir zuerst? Das Wasserbuch oder die gerechte Verteilung aller Güter?"
Unsere Mittagspause wird richtig komfortabel. Gestern hockten wir in einem Erdloch, heute sitzen wir an sauberen Holztischen der kleinen Hüttenansiedlung Furuhaugli, lassen uns heißen Kaffee servieren oder auch eisgekühlte Cola. Noch schöner empfinde ich die Nachmittagsrast am blauen See Avsjøen. Da sitzen wir am Ufer, erfrischen unsere müden Füße im Wasser und „lassen die Seele baumeln", wie das Kurt Tucholsky so schön ausgedrückt hat. Unser heutiges Nachtquartier sind die Hütten von Hageseter. Der Weg dorthin führt oft über lange Bohlenstege, die man ins Moor gelegt hat. Auf diesen sumpfigen Wegsabschnitten legte man schon im Mittelalter stabile Knüppeldämme an, über die sogar Wagen und Kutschen fahren konnten. Weiter geht es durch kleine Birkenwäldchen und über das märchenhaft bemooste Plateau.
Beim letzten langen Abstieg merke ich, dass meine Füße heute schmerzen und ich immer langsamer werde. Während der langen

Pilgerreise in der Gruppe konnte ich feststellen, dass jeder Teilnehmer einen anderen Tag als seinen schwersten empfunden hat.

Zwischen Oppdal und Hæverstølen sind wir etwa 30 km weit durch Dauerregen gelaufen. Ich fühlte mich am Abend relativ frisch und nur wenig belastet. Bigi klagte dagegen, dass sie kurz vor dem Aufgeben gestanden hätte. Kurz vor Trondheim führt der Olavsweg zu einem Fjordende, dort wartet ein Ruderboot auf die Pilger. Norbert erzählte mir, dass die letzten beiden Kilometer am Ufer entlang für ihn die härtesten des ganzen Weges waren. Für mich scheint heute dieser Tag gekommen zu sein. Die Füße wollen nicht mehr mitmachen und – endlich angekommen – bin ich froh, dass mir Renate die Wanderstiefel auszieht und meine Hüttenschuhe bringt. Das tut richtig gut. Es wird Zeit für die nächsten beiden Schlüsselworte. Da stehen *Entschlossenheit* für Olav und *Freiheit* für Birgitta. König Olav war entschlossen, Norwegen zu einen und das Christentum im Land zu verbreiten. Wir haben uns entschlossen, bis Trondheim zu laufen – ohne Rücksicht auf das Wetter und ohne Rücksicht auf steile und nasse Wegstrecken. Und wenn die Füße auch mal weh tun – so wie heute – werden wir unseren Entschluss nicht ändern. Ja, dieses Schlüsselwort ist immer dann hilfreich, wenn man ans Aufgeben denkt. Auf einem Marschstück durch Dauerregen vertraute mir Bigi an: „Wenn ich daran denke, dass ich jetzt sehr bequem in unserem Wintergarten sitzen könnte, bei heißem Cappuccino und mit einem guten Buch in der Hand, dann frage ich mich, warum ich hier seit fünf Stunden durch den Regen laufe?" „Weil du dich dazu entschlossen hast und weil du anschließend sagen wirst: dieser Entschluss war richtig und gut. Basta." Und das zweite Wort: *Freiheit*?

Diesen Begriff verstehen Menschen erst, wenn sie Unfreiheit erlebt haben. Bei unserer Abendandacht melde ich mich zu Wort und behaupte, dass Freiheit nur möglich ist, wenn man sich gleichzeitig auf verschiedene Pflichten einlässt. Die größte dabei ist wohl die, Freiheit – geistige und körperliche – immer und überall zu verteidigen.

Natürlich erleben wir beide Begriffe täglich auf unserer Pilgerreise; mit Entschlossenheit starten wir jede Tagesetappe, beginnen steile Aufstiege und ignorieren Müdigkeit und Muskelschmerz. Und das tun wir freiwillig. Wir haben ja die Freiheit, nein zu sagen und zum Cappuccino im Wintergarten zurückzukehren.

Die Eystein-Kyrkja ist ein guter Platz für eine frühe Mittagsrast. Wir ziehen fröhlich singend in das kleine Gotteshaus am Weg und freuen uns über den grünen Minibus auf dem Parkplatz. Helmut hat heißen Kaffee gebracht und dazu Brote mit Wurst und Käse. Vor unserem heutigen Tagesziel Kongsvold liegen noch zwei Fjellanstiege, ein recht langer und steiler und ein weiterer, der bei einer Rückschau auf die letzten Tage eher harmlos erscheint. Kongsvold, der alte Königshof, ist im Grunde ein Luxushotel, das zum norwegischen Kulturerbe gehört, mit angegliederter Pilger-herberge. Dort stehen uns zwei Hütten für die Übernachtung zur Verfügung. Aus der Einteilung halten wir uns immer heraus, sind aber doch froh, dass Bernd die beiden Ehepaare in eine Hütte – Jahrgang 1860! – schickt und den Rest der Gruppe in die andere. Zur Abendandacht treffen wir uns alle in einem der Hotelräume und finden in unserem geistlichen Kompassheft *Pilgern auf Olavs Spuren* für heute die Schlüsselworte *Lebensmut* – für Olav – und *Einfachheit* – für Birgitta

Lebensmut könnte auch ein Schlüsselwort für das gesamte Christentum sein, denn Gott und Gottes Sohn machen doch jedem

Wir sind über den steilen Vårstigen wieder auf das Fjell geklettert und überspringen einen kleinen Bach. Da bleibt Bernd stehen, hält eine kurze Andacht und segnet jeden einzelnen Pilger mit dem frischen Gebirgswasser. Renate ist die letzte und segnet abschließend unseren Pastor.

Menschen Mut, der glaubt. Was kann einem gläubigen Christen schon passieren? Er ist ja nie alleine unterwegs. Und Mut macht uns auch die Erfahrung mit der *Einfachheit*, die wir auf dem Pilgerweg täglich praktizieren.

Beide Worte passen wieder gut zusammen. Aber nach der Andacht und unserer Diskussion über die Schlüsselworte spricht Bernd: „Die morgige Etappe wird lang und steil und am Ende des Tages erwartet uns eine besonders spartanische Unterkunft. Geht morgen besonders vorsichtig, denn der Weg, der historische Vårstigen, ist nicht ungefährlich. Da ragen rechts senkrechte Felswände in den Himmel und links liegen Abgründe. Einziger Trost sind die Bäume unter dir, die euch bei einem Sturz auffangen."

Nach dieser Ansage gibt es unruhige Schläfer, die sich vor dem berüchtigten Vårstigen fürchten. Ich bin gespannt und freue mich irgendwie auf diesen historischen Weg. Der Vårstigen wurde schon seit dem 12. Jahrhundert als Pilgerweg benutzt und es ist bekannt, dass König Fredrik V. im Jahr 1704 mit einem zweirädrigen Wagen über diesen Weg fuhr und König Kristian 1733 sogar mit einer vierrädrigen Kutsche.

Das NDR-Team begleitet uns beim unteren steilen Aufstieg und während der ersten Rast fragt Renate: „Sag mal Bernd, wann etwa werden wir die schmale Passage erreichen, wo uns links vom Weg nur noch Bäume auffangen können?"

Lachend antwortet Bernd: „Da sind wir längst vorbei, die Passage gab es eine halbe Stunde nach unserem Einstieg."

Niemand hat dieses Wegstück wirklich für bedrohlich gehalten und deshalb sehen alle dem weiteren Weg beruhigt entgegen. Trotzdem fürchtet Renate das scharfe Tempo der Gruppe im weiteren steilen Anstieg und meldet sich bei Bernd ab: „Bitte lass mich alleine vorgehen, dann musst du auf meine Langsamkeit

keine Rücksicht nehmen und oben werde ich auf euch warten."
„Ist schon in Ordnung, geh nur und warte, wenn du aus dem Wald herauskommst."
Wir rasten noch eine viertel Stunde lang und folgen dann Renate. Die wartet auf der Höhe und hat eine neue Erfahrung gemacht: „Es war schön, alleine zu gehen. Ich habe immer gedacht, dass ich zu langsam laufe und weiß jetzt; das stimmt gar nicht. Denn ich warte hier seit etwa 15 Minuten und genau so viel war ja auch mein Vorsprung. Ich brauche also nur meinen eigenen Rhythmus. Vermutlich kann ich mich bei vorgegebenen Gehgeschwindigkeiten nur schwer anpassen, das ist mein ganz persönliches Problem. Und ich habe noch etwas herausgefunden; ich muss meine Pausen selbst bestimmen können, den Ort und auch die Länge. Das konnte ich beim Alleingehen wunderbar tun. An jedem Wasserfall habe ich angehalten, geschaut und auch gebetet. Und die schönen Wasserfälle wurden dann vor meinen Augen zu Altären. Niemand hat sie zerredet. Mir kam dabei der 84. Psalm in den Sinn:
Deine Altäre, Herr Zebaoth, mein König und mein Gott. Wohl denen, die in deinem Hause wohnen ...
Diesen Psalm haben, so glaube ich, die Pilger gebetet als sie in Jerusalem einzogen.
Alleine gehen – zumindest streckenweise – das sollte jeder von euch einmal probieren."
Von der Höhe gibt es einen atemberaubenden Ausblick in den engen Canyon der Drivå tief unter uns. Dieser Canyon ist schuld an dem Ausweichen des Vårstigen auf die Höhe. Die gewaltigen Schmelzwasser unten in der Schlucht machten ein Durchkommen neben dem reißenden Gebirgsfluss unmöglich.
Am Nachmittag verdichten sich die Wolken und erste Schauer veranlassen uns, die Regenkleidung aus den Rucksäcken zu holen.

Der Weg ist tatsächlich nicht so schwer wie von Bernd beschrieben, aber dafür endlos lang. Oben auf dem Fjell finden wir sogar eine breite Fahrspur vor. Da können wir bequem nebeneinander laufen und das fördert immer gute Gespräche.
Relativ spät erreichen wir die Schutzhütte Ryphusan mit nur einem Raum, in dem 12 Matratzen auf Bänken liegen. Bemerkenswert ist das ganz neu gebaute Toilettenhäuschen hinter der Hütte, die an der Vorderfront stolz einen Stern trägt. In der Toilette befindet sich ein Doppelsitz für zwei Personen. Das ist auf dem Olavsweg einmalig. Es gibt eine zweite kleine Hütte neben der größeren. Dort werden die Ehepaare einquartiert, auf Matratzen auf der Erde. Aus den Nachmittagsschauern ist inzwischen Dauerregen geworden. Wir bereiten das Abendessen vor, da wird die Tür aufgestoßen und zwei triefend nasse Norweger betreten den Raum. Sie sind unterwegs, um einen Film über den Olavsweg für das norwegische Fernsehen zu drehen und finden in „unserer kleinen Hütte für Ehepaare" Platz. Als erste Handlung zünden die Norweger den Ofen an und trocknen vor dem offenen Feuer ihre nassen Schuhe. Die tropfende Kleidung hängt bald an Leinen quer im Raum.
Beim gemeinsamen Abendessen wird die Tür erneut aufgestoßen. Jetzt stolpern die amerikanischen Frauen herein und sehen – etwas erschrocken – dass die deutsche Gruppe wieder alle Betten bzw. Matratzen belegt hat – genau wie vor drei Tagen in Fokstugu.
„Müssen wir unser Zelt aufbauen – bei diesem Sauwetter?"
„Müsst ihr nicht", entscheidet Bernd. „Wir werden auf den Matratzen zusammenrücken und ihr kriecht einfach dazwischen." Eine halbe Stunde später treten noch zwei norwegische Pilger – richtig aufgeweicht – zu uns und fragen nach einem Schlafplatz. Die Hütte ist wirklich übervoll, aber in unserer zweiten gibt es noch etwas Platz auf dem Fußboden. So ist der Olavsweg!

Über das Fjell nach Oppdal

Renate und ich auf dem berüchtigten Vårstigen (Foto Bigi Alt).

Zur Abendandacht wird es in der großen Hütte richtig eng und Bernd spricht seine Texte und Lesungen in deutscher, norwegischer und englischer Sprache. Das ist ein toller Gottesdienst, der uns allen den Sinn dieses europäischen Kulturweges vor Augen führt. Grenzen und Sprachbarrieren sind hier aufgelöst und die beiden Schlüsselworte *Dienst* – für Olav – und *Sorglosigkeit* – für Birgitta passen so recht zu diesem internationalen Abend auf dem Fjell. Hier hat jeder einzelne zurückgesteckt und dem Nebenmann Platz gemacht, auch dem fremden Neuankömmling. So stelle ich mir Dienst am Nächsten vor und durch solchen Dienst entsteht Sorglosigkeit. Wir sind als Pilger unterwegs und da werden alle immer und überall zusammenrücken. Niemand muss sich um einen Schlafplatz wirklich sorgen.

Von Ryphusan führt ein breiter Fahrweg vom Fjell hinunter und dann geht es über die feste Straße nach Oppdal. Dort stehen unsere Autos. Die Überquerung des Dovrefjells liegt hinter uns. Das Fjell ist gefürchtet, weil der Pilger dem Wind und dem Wetter wirklich ausgesetzt wird. Aber in der Rückschau gehört das Fjell zu den schönsten Abschnitten des Olavsweges und dazu passen auch wieder die Schlüsselworte des heutigen Tages: *Hellhörigkeit* – für Olav – und *Stille* – für Birgitta. Auf dem Fjell bist du weit weg von Zügen und Autos und anderem Lärm. Du wirst hellhörig für das Murmeln eines Baches, für das Rauschen eines Wasserfalls, für das Singen eines Vogels und auch für das Heulen des Windes, der Regen ankündigt. Du pilgerst eine Woche lang durch die Stille einer großartigen Landschaft, in der wir lernen, dass Stille uns erst bewusst wird, wenn sie durch natürliche Geräusche hörbar wird. Und wenn da plötzlich gar keine Laute mehr sind, dann hörst du dein eigenes Herz schlagen und fühlst: auch in der Wildnis kann man sehr gut leben und überleben.

Dieser Bohlenweg führt die Pilger sicher durch weite Moorlandschaften.

Ökophilosophie am Olavsweg

Wundersame Ereignisse

Ein Jahr nach der verhängnisvollen Schlacht – am 3. August 1031 – wurde der Sarg aus dem Grab geborgen und geöffnet.

Der Leichnam des Königs lag so im Sarg, als wenn er soeben gestorben wäre. Seine Haare und Nägel waren

weiter gewachsen. Nach diesem und anderen wundersamen Ereignissen wurde Olav als Märtyrer heilig gesprochen.

Was Ökophilosophie wirklich ist und für uns alle bedeutet, kann der Pilger auf dem Olavsweg am besten in Hæverstølen erfahren. Børge Dahle und seine Frau Unni Larsen leben für diese neue Wortschöpfung und praktizieren Ökophilosophie in ihrer einzigartigen Pilgerherberge.

Von Oppdal sind wir einen Tag lang im Regen hierher gelaufen und freuen uns nun, dass es am Abend endlich trocken wird und zwischen den dunklen Wolken sogar Himmelsblau zu sehen ist. Hæverstølen ist ein besonderer Ort. Jeder Gast wird hier ganz bewusst an ein Leben mit der Natur herangeführt: Wohnen in der Natur und mit ihr, sich bewegen in der Natur und mit ihr, denken in der Natur und mit ihr. Das ist die Kernaussage von Børges Ökophilosophie, die er an der Universität in Oslo lehrt und in der Welt in viel gefragten Vorträgen verbreitet.

Unsere Zivilisation drängt in Ballungsgebiete, in den so genannten Entwicklungsländern hören wir von Landflucht und überfüllten Slums vor den Großstädten.

„Das sind Wege in die falsche Richtung", weiß Børge. „Die Menschen müssen zurückfinden, zurück zur Natur. Und sie müssen Natur nicht besiegen, und auch nicht versiegeln – mit Straßen, Parkplätzen und Landebahnen. Sie müssen sich viel mehr in die Natur integrieren, sich einbringen."

Blaue Seen und grüne Birkenwälder in Trollheimen.

Børge Dahle ist ein stattlicher Mann, der mit beiden Beinen fest auf der Erde und dort mitten in der Natur steht und seine Grundthesen mit kräftigen Armbewegungen unterstreicht:

„Unsere Verhaltensweise – das Weg von der Natur und Hin zur Technik – hat verhängnisvolle Folgen für das gesamte Leben auf der Erde. Die großen Herausforderungen, denen wir gegenüberstehen, sind nicht nur ökonomischer und technologischer Art. Sie betreffen unsere Grundwerte. Weil Natur und Mensch eine Schicksalsgemeinschaft bilden. Weil der Wert der Natur mit dem Wert des Menschen eng verbunden ist. Und weil unsere Lebensweise, in der wir wichtige Ressourcen täglich verbrennen und vergeuden, vor allem den armen Teil der Erdbevölkerung trifft. Deshalb werben wir für eine tiefere Beziehung zwischen Mensch und Natur, für eine naturfreundliche Zukunft und für mehr Einzelverantwortung gegenüber dieser Ökophilosophie. Ich sage: Es gibt keinen Weg zur Naturfreundlichkeit – Naturfreundlichkeit ist der Weg, muss der Weg sein."

Mit solchen Worten trifft Børge ganz besonders bei den Alts auf offene Ohren und so ist es nur logisch, dass sich Franz zu Wort meldet: „Die Menschen wissen, wie sie Klima und Natur schützen können – die Techniken sind seit 20 Jahren bekannt – nur sie tun es nicht! Dabei ist es so wichtig, dass zu allen technisch-ökologischen Erkenntnissen ethische, man kann auch sagen kulturelle oder religiöse und – um mit Børge zu sprechen – philosophische oder tiefenökologische Überlegungen kommen. Erst wenn das der Fall ist, wird sich bei den Menschen etwas bewegen. Ich bin davon

Die Herberge Hæverstølen liegt nördlich des Fjells mitten im Wald und bietet allen Gästen ein ganz besonderes Naturerlebnis. Die Pilger wohnen in Hæverstølen in einem langen Raum mit Holzwänden und Balkendecke. In ihm befinden sich der Esstisch und gegenüber die Schlafkojen.

überzeugt, die Technik alleine wird uns Menschen weder weiterbringen noch retten. Wir müssen tiefer gehen und deshalb brauchen wir auch eine Tiefentheologie. Wir müssen das Wort Seele wieder verstehen und neu definieren. Für mich ist die Hauptsünde vieler Theologen in den letzten 300 Jahren nach der Aufklärung, dass Seele fast zu einem Fremdwort verkommen ist. Seelsorger im Sinne von ganzheitlicher Heilung zu finden ist in den Alltagskirchen fremd geworden. Vor 2.000 Jahren bei den Schamanen oder auch heute noch in den Elementarreligionen sind Heiler immer Priester und Priester immer Heiler. Das gehört doch zusammen. Jesus wird ja nicht zufällig auch Heiland genannt. Er war doch der große Heiler.
Eine ökologische Spiritualität ist gut für die Ökologie, für die

Umwelt und die Natur. Aber sie wäre genauso gut für die Wirtschaft, weil es dann eine nachhaltige Wirtschaft wird und diese Arbeitsplätze schafft und sichert. Das alles heißt im Klartext: Ökologie ist weit mehr als nur Umweltschutz. Ökologie ist gut für die Sozialpolitik, für die Wirtschaft und auch für unser Gewissen gegenüber den nächsten Generationen. Wir müssen lernen, dass wir diese Erde, diese wunderbare Schöpfung, von unseren Eltern geerbt und von unseren Kindern nur geliehen haben. Und hier an diesem Platz in Hæverstølen hat Prof. Dahle schon vor vielen Jahren so etwas entwickelt wie eine Tiefenökologie. Von hier aus hat die neue Bewegung ganz Europa erreicht. Bei uns in Deutschland spielt Tiefenökologie bereits eine wichtige Rolle. In den USA hat Al Gore die deepecology angenommen. Auch er sagt, dass Ethik und Technik endlich zusammenfinden müssen. Selbst in China beschäftigt man sich inzwischen mit diesem Thema, das hier seinen Ausgang genommen hat."
Wir wohnen in einem äußert gemütlichen Blockhaus und finden viele Publikationen von Børge Dahle. In der Broschüre *Nature –*

The true home of culture befinden sich Beiträge zum Thema Tiefenökologie von Fridtjof Nansen, Thor Heyerdahl und anderen Norwegern. Ich staune, wie alt dieses Thema in diesem Land schon ist. Børge Dahle hat auch Kinderbücher geschrieben: *Das Leben im Gebirge im Sommer* und *Das Leben im Gebirge im Winter*.

Ja richtig, im Windfang unserer Herberge stehen mehrere paar Ski an der Wand. Hier oben gibt es acht Monate Winter und nur vier Monate Sommer.

Wir haben viele neue Begriffe gehört und möchten mehr über die Praxis von Børges Ökophilosophie erfahren. Børge und Unni haben in ganz Norwegen verschiedene Projekte laufen oder zumindest angestoßen. Eines davon liegt direkt vor unserer Haustür und heißt Barnas Naturverden – Der Kinder Naturwelt. Dazu gehören vier Hütten mitten in der Wildnis, die besonders kindergerecht und familienfreundlich eingerichtet sind. Sie sind immer offen, können mit einem Kamin beheizt werden und verfügen über mehrere Schlafplätze. Diese Hütten sind durch gut markierte Wege so miteinander verbunden, dass eine Familie mit Kindern an einem Tag problemlos von einer Hütte zur nächsten wandern kann. Dabei sind die Wege auch für Kinder äußerst spannend angelegt. An kleinen Steilhängen sind zum Beispiel Seile als Kletterhilfen angebracht. Und über nasse Moorgebiete führen schmale Holzbohlen, die zum Balancieren auffordern. Hier lernen Kinder, sich mit Spaß und eigenem Ehrgeiz in der Natur zu bewegen, in den Hütten das Feuer zu entzünden und ihr eigenes Essen zu kochen. Hæverstølen gehört zur Gemeinde Rennebu und die unterstützt das Projekt Barnas Naturverden nach besten Kräften und Möglichkeiten.

Das Wetter bessert sich und wir pilgern bei strahlendem Sonnenschein einen ganzen Tag lang durch Børges „Kinderwelt" in Trollheimen; das sind sattgrüne Birkenwälder, azurblaue Seen und Teiche, die wie magische Augen zwischen grünen Hügeln und Bergen liegen, grau bemooste Felsriegel und ein Weg, markiert durch rote Farbpunkte, der ständig steil bergauf und dann gleich wieder bergab führt und uns dabei immer zeigt, wie schön Norwegen ist – und dass nach Regentagen auch wieder die Sonne lacht. Wir brauchen einfach mehr Børges und mehr Unnis für unsere Zukunft und für unsere Kinder.

„Hier wird", bemerkt Bernd, „jeder Schritt eine Entfernung von Hast und Zwängen, eine Bewegung in die schlichte Schönheit des Lebens."

Mitten in dieser einsamen Wildnis lässt der Pastor anhalten und uns einen Halbkreis bilden. Schweigen wird angesagt.

„Schließt bitte eure Augen und konzentriert euch ganz auf das Hören. Ihr werdet verschiedene Geräusche wahrnehmen. Konzentriert euch aber auf eins davon."

Wir tun, was Bernd fordert und lauschen. Drei Minuten später dürfen wir die Augen öffnen und Bernd fragt jeden einzelnen, was er gehört und worauf er sich konzentriert hat. Die Antworten sind verblüffend, weil jeder ein anderes Geräusch für sich entdeckt hat.

„Ich habe dem Wind zugehört."

„Und ich dem Rascheln der Blätter in den Birken."

„Ich habe den Bach gehört."

„Und ich einen Vogel, der war ganz dicht bei uns."

Bernd beendet die Meditation und resümiert: „Der Pilger wird zum Hörenden, weil er das Reden nicht mehr braucht. Je mehr er eins geworden ist mit sich und der Natur, desto weniger Worte sind notwendig. Selbst die Gedanken können schweigen, und was bleibt ist pures Dasein. Was für ein wunderbarer Zustand."

So sieht Leben in der Natur und mit der Natur aus oder Ökophilosophie in der Praxis.

Nur noch 100 Kilometer

Gottes Werkzeug

Olavs Tod unter dem Kreuzzeichen wurde so gewertet, dass Gott ihn als sein Werkzeug ausgewählt

hatte. In diesem Glauben wurde Norwegens Christianisierung nach Olavs Tod schnell zum

Abschluss gebracht und Gläubige aus ganz Europa begannen, nach Nidaros zu pilgern. Für Pilger bekam

Nidaros eine ähnliche Bedeutung wie Jerusalem, Rom oder Santiago de Compostela.

Ingrid Meslos Lachen wirkt auf jeden Besucher ihrer Herberge Meslo gård erfrischend und beruhigend. Ingrid wurde als junge Frau Vollwaise, krempelte die Ärmel hoch und übernahm im Alleingang einen großen Bauernhof in Stamnan. Das Haupthaus des Hofes hat sie inzwischen zu einer Pilgerherberge umfunktioniert. Dort wirbelt sie erst in der Küche und anschließend serviert die vitale Frau – immer barfuß und im österreichischen Dirndl flott gekleidet – ihren Gästen leckere Spezialitäten ihrer norwegischen Heimat. Ingrid war auch schon auf dem Jakobsweg unterwegs. „Ich möchte wieder nach Spanien, da kann man soviel dazu lernen", verrät uns die sympathische Frau.

Wir hatten Ingrid schon vor zwei Tagen besucht und unsere beiden überzähligen Autos auf ihrem Hof abgestellt. Jetzt kommen wir – müde vom langen Weg – von Barnas Naturverden herunter in das liebliche Tal der Orkla und werden von Ingrid draußen in der warmen Abendsonne herzlich empfangen; mit kühlem Saft, heißem Kaffee und Waffeln, die wir mit selbst gemachter Tyttebær-Marmelade bestreichen. Köstlich!

Nach dem typisch norwegischen Herbergsessen – es gab Eintopf aus Fleischresten mit Preiselbeeren – ruft Bernd zur Abendandacht in das Stabbur. „Wie war der heutige Tag?"

„Grün", antwortet Franz, „Gott muss ein Grüner sein!"

Die Ruinen von Husaby in Skaun sind tausend Jahre alt und gehören zu den ersten Kirchenplätzen in Norwegen.

Und dann sind wieder Schlüsselworte dran. Da steht *Versöhnung* – für Olav – und *Gemeinschaft* – für Birgitta. Logisch, Olav wollte verfeindete Könige, Fürsten und Häuptlinge versöhnen und mit ihnen eine starke norwegische Gemeinschaft bilden.

In unserer kleinen Pilgergemeinschaft bedarf es eigentlich keiner Versöhnung, denn es hat bisher keine nennenswerten Streitpunkte gegeben. Vielleicht hatten wir auch einfach keine Zeit dazu oder wir waren für Streit zu müde. Im Gegenteil, der lange gemeinsame Weg hat Stärken und Schwächen aller Teilnehmer, Bernd eingeschlossen, schonungslos aufgedeckt und uns das Tolerieren gelehrt. Ruhige Schläfer haben beispielsweise nachts über Schnarcher geschimpft und morgens schon wieder mit ihnen zusammen gelacht. Ja, wir sind wirklich zu einer Gemeinschaft zusammengewachsen, auch mit Peters Fernsehcrew. So ist der Olavsweg.

In Svorkmo hat man das Schützenhaus – mitten im Wald gelegen – zu einer Pilgerherberge umfunktioniert. Dort treffen wir den norwegischen Pilgerpastor Hans-Jacob Dahl mit einer großen norwegisch-dänischen Frauengruppe. Unter ihnen ist auch die dänische Pilgerpastorin Anette Foged Schultz. Es ist Sonntag und deshalb feiern wir einen gemeinsamen Gottesdienst – zweisprachig – unter dem strahlend blauen Himmelszelt.

Wir passieren die beiden Seen Solsjøen und Snøtonvatnet und erreichen nach nassen Moorpassagen trockene Waldinseln. Die kleine Skaun-Kirche ist unser heutiges Tagesziel und das ihr gegenüberliegende Gemeindehaus wird unser Quartier. Ingrid hatte uns mit ihrem Empfang schon richtig verwöhnt, aber die

Links: Die Herberge Meslo gård ist das Wohnhaus einer Schafsfarm,
die von Ingrid Meslo betrieben wird.

Rechts: Rote Toilettenhäuschen mit dem Logo des Olavsweges
mitten im Wald gibt es nur im letzten Wegabschnitt.

Gemeinde Skaun versucht Meslo gård noch zu toppen. Da wartet
die lokale Presse mit einem wahren Blitzlichtgewitter und vielen
Fragen. Gemeindemitglieder haben für uns den Tisch gedeckt;
mit norwegischer Rømme grød, Wildlachs, Schinken aus dem Tal,
Rührei, Waffeln mit Marmelade und alkoholfreiem Bier. Wir sind
sprachlos und müssen doch erzählen; wie der Weg war und ob
wir auch die neuen knallroten Toilettenhäuschen oben im Wald
gesehen haben und wie wir uns hier fühlen – denn bis nach
Nidaros sind es von Skaun nur noch lächerliche 100 Kilometer!
Dann bittet Ula Skaugen zur Kirchenbesichtigung.
Die Skaun-Kirche gehört zu den schönsten und interessantesten

am Olavsweg. Sie steht, so erfahren wir von Ula, seit 800 Jahren
hier. Nicht ganz so alt ist das kleine zur Kirche gehörende Waffen-
haus. Dort mussten alle Kirchgänger ihre Messer, Äxte und
Speere vor dem Gottesdienst abgeben. Unbeschreiblich schön ist
das 800 Jahre alte Altarbild, das eigentlich doch – so bemerke ich –
in ein Kunstmuseum gehört.
„Nein", klärt uns Bernd auf, „es ist eine Unsitte, wenn Kirchenschätze in Museen gezeigt werden und nicht in Kirchen, wo sie
hingehören. Die Kirche ist stolz auf eigene Schätze und deshalb
müssen die auch in der Kirche gezeigt werden."
„Aber dazu müssten Kirchen immer offen sein und das Gegenteil
ist meistens der Fall. Geschlossene Kirchen sind für mich wie
Gotteslästerung", sagt Franz.
In der Skaun-Kirche hält Bernd spät am Abend seine Andacht.
Die norwegischen Filmleute sind wieder dabei und zwei polnische
Frauen aus Breslau stoßen zu uns. Sie pilgern seit einem Monat
und tragen ihr kleines Zelt mit. Heute haben sie es neben dem

Links: Ingrid Meslo (l.) hat sich ganz der norwegischen Pilgerbewegung verschrieben und war auf dem Jakobsweg, „um zu sehen, wie die das in Spanien organisieren."

Mitte: Franz Alt und Renate während des „internationalen" Gottesdienstes in Svorkmo.

Rechts: Drei Pilgerpastoren gestalten unseren Freilichtgottesdienst in Svorkmo: (v. li) Pastor Bernd Lohse, Pastorin Anette Foged Schultz aus Dänemark und Pastor Hans-Jacob Dahl aus Norwegen.

Gemeindehaus aufgebaut. Bernd liest einen Psalm und übersetzt ihn anschließend ins Norwegische. Dann fragt er die Polen, ob sie wohl ihre polnische Bibel dabei haben. Sie haben und Teresa kommt nach vorne zum Altar und liest den selben Psalm in ihrer Muttersprache. Wir suchen nach den letzten Schlüsselworten und finden *Heilung* – für Olav – und *Geistlichkeit* – für Birgitta. Auch diese Worte werden dreisprachig interpretiert und diskutiert.

Bernd spricht nicht polnisch und die Polen nicht deutsch, dafür aber gutes Englisch. Teresa ist in Polen Englischlehrerin.
Wir sind ja zwei Wochen alleine gepilgert und fast ebenso lange in einer Gruppe. Und da sieht unsere Erfahrung nun so aus: Natürlich kann man auch als Alleingänger Spiritualität, Heilung und Geistlichkeit erleben. Bestes Beispiel dafür ist der Ire Trevor Garrett, der seit Jahren nur alleine pilgert und durch und durch Geistlichkeit dabei praktiziert. Aber zusammen mit einem Seelsorger wie Bernd werden diese Aspekte des Pilgerns intensiver und nachhaltiger. Heilung und Geistlichkeit erfahren wir täglich beim morgendlichen Abendmahl, bei den kleinen Andachten und Übungen unterwegs und schließlich an jedem Abend durch unsere Gespräche und Reflexionen des Tages.
Alles was wir heute sagen, wird von Bernd dreisprachig übersetzt. Was für ein internationales Fest an diesem schönen Ort, in dem Bauern und Fürsten einst vor dem Betreten ihre Speere und Äxte abgeben mussten.

Im Jahr 1669 hat man die ehemalige Stabkirche Rennebu von 1250 durch diese Y-Kirche ersetzt. Y-Kirchen – in Norwegen gibt es fünf – sind Kirchen mit einem Chor und zwei Schiffen in dreieckiger Grundform. Sie symbolisieren die Dreifaltigkeit Gottes. Die Y-Bauweise wird vor allem innen eindrucksvoll sichtbar. Hinter dem Taufbecken teilt sich die Gemeinde praktisch in die zwei Schiffe bzw. Y-Arme auf. Der Chor mit dem Altar liegt hinter dem Fotografen.

Hinter Svorkmo führt der Olavsweg lange am Ufer des wunderschönen Solsjøen-Sees entlang.

Linke Seite:
Die Skaun-Kirche ist ein besonderes
Juwel am Olavsweg. Sie liegt
in einem wunderschönen Tal und
ist 800 Jahre alt.

Zu den großen Schätzen der Skaun-Kirche – und ganz Norwegens – gehört das 800 Jahre alte Bild vor dem Altar. Die untere Seite ist leider beschädigt, vermutlich durch aufsteigende Feuchtigkeit und auch durch den Saum der früher schweren Priestergewänder, die seit Jahrhunderten über den unteren Rand des Bildes strichen. Das kostbare Bild zeigt oben links die Verkündigung Marias. Der Erzengel Gabriel bringt ihr die frohe Botschaft. Bernd Lohse vermutet, dass es sich bei den Frauen um Anna handelt, Marias Mutter, und deren Schwester Elisabeth. Oben rechts wird die Geburt Jesu gezeigt. Bemerkenswert ist, dass Anna dazugestellt wurde, so als sei sie bei der Geburt dabei gewesen. Aber es war ja damals üblich, dass eine Mutter ihrer Tochter bei der Geburt beistand. Unten links erkennen wir – leider stark beschädigt – die Flucht aus Ägypten und unten rechts die Darbringung Jesu im Tempel. Dabei handelt es sich um die Übergabe des Erstgeborenen an Gott. Das Hauptmotiv zeigt Maria als Himmelskönigin mit Jesus auf dem Schoß. Dieses Bild wurde vermutlich von deutschen und englischen Künstlern in Trondheim gemalt.

Das Tal von Skaun – so sieht man es von der Kirchenruine aus – ist besonders anmutig und naturbelassen. Genau diesen Blick über die liebliche Landschaft hat Nobelpreisträgerin Sigrid Undset täglich gehabt, als sie ihren Roman *Kristin Lavranstochter* geschrieben hat.

John Wanvik fährt die Pilger im Ruderboot über den etwa 300 m breiten Fluss Gaula zu seiner Herberge Sundet gård, die nur noch einen kurzen Tagesmarsch von Trondheim entfernt liegt.

Die Pilgerherberge Kleivan ist wieder ein urgemütlicher Übernachtungsplatz, mit viel Holz und Liebe zum Detail hergerichtet.

Kleivan liegt mitten im Wald und hat einen eigenen botanischen Garten mit vielen seltenen Blumen und Pflanzen. Dazu gehört auch dieser tibetische Mohn.

Nidaros – das Ende eines langen Weges

Der König ist tot – es lebe der König

Jahrhunderte hindurch symbolisierte der Heilige Olav das Königreich Norwegen. Selbst als das Land lange Jahre nur noch als Teil von Schweden und Dänemark existierte. Norwegen hat lange Jahre nach Anerkennung und Freiheit gerungen. Einst sorgten die Wikinger für Ruhm und Furcht, später kamen Dänen und Schweden als Besatzer. Erst 1905 waren die Norweger endlich am Ziel; Schweden entließ das Land in die Unabhängigkeit. Bis heute sind Olavs Spuren sichtbar; die Axt, die der Löwe im norwegischen Staatswappen hält, gilt als Märtyreraxt des Heiligen Olav. Und in der norwegischen Nationalhymne heißt es: „Olav schrieb das Kreuz mit seinem Blut auf's Land."

Bevor wir uns auf die Feldbetten im Gemeindesaal legen, blättere ich noch ein wenig im Gästebuch dieser gastfreundlichen Herberge. Vor genau drei Tagen hat sich unser Pilgerfreund aus Irland mit folgendem Text eingetragen:

„This is one of the most special places in all of Europe. Thank you Ula. What you have here is beyond price, beyond words."
Trevor Garrett

Schön zu wissen, dass es Trevor gut geht, und dass ihm Ula auch die alten Kirchenschätze gezeigt hat. Und dass er – wie geplant – 3 Tage vor uns in Trondheim sein wird, damit er vor dem großen Trubel am Olavstag rechtzeitig fliehen kann.

Skaun – so heißt dieser Bezirk – bedeutet schöne Landschaft. Und die überblickt man am besten von Husaby, einem der ältesten Kirchenplätze Norwegens. Die erste Husaby-Kirche gehörte zum gleichnamigen Hof und wurde bereits im Jahr 1180 gebaut. Heute sind da nur noch Reste des Fundamentes zu sehen. Dennoch sollte jeder Pilger den kleinen Umweg von wenigen hundert Metern zu den Husaby-Ruinen machen und einfach in das schöne Tal von Skaun blicken, hinunter auf den Laugen-See und die gegenüberliegenden sanften Hänge. Dort unterbrechen dunkle Wälder das

frische Sommergrün der Wiesen. Im Vordergrund wogt Korn. Das Besondere an diesem Blick ist die naturbelassene Weite; da stört kein Fabrikschornstein die Idylle, kein Kraftwerk und keine Überlandleitung.

Genauso stellt sich Børge Dahle wirkliche Lebensqualität für alle Menschen vor. Und dass diese Landschaft unserer Seele richtig gut tut, hat Sigrid Undset eindrucksvoll belegt. Hier hat die Frau gelebt und geschrieben, hier hat sie ihre Bilder von Norwegen gesammelt, als ihre 1.000 Romanseiten für *Kristin Lavranstochter* in Husaby entstanden. 1928 wurde sie für dieses Werk mit dem Literaturnobelpreis belohnt.

Heute wechseln wieder nasse Moor- und Wiesenlandschaften mit düsterem Nadelwald. In so einem Wald rasten wir kurz und Renate bittet noch einmal, dass sie alleine vorgehen darf. Die Kleivan-Pilgrimsherberge ist unser nächstes Ziel. Dort werden wir unsere Mittagspause einlegen und danach bis Sundet wandern. Der Pfad ist schmal und führt an kleinen Wasserfällen vorbei und dann hinaus auf freies Wiesengelände. Hier hätte Renate warten sollen, aber sie ist nicht da. Bernd macht sich Sorgen: „Seid ihr sicher, dass Renate vor uns gelaufen ist? Oder geht sie doch ganz hinten?" „Nein, ich bin der Schlussmann", meldet sich Werner.
„Ich glaube, Renate ist schon in Kleivan, sie kennt die Herberge und wird durchgegangen sein," beruhige ich die anderen.
In diesem Moment kommt uns Rainer entgegen. Er hat heute aufgrund seiner kaputten Füße pausiert und ist mit dem Auto

Sundet gård heißt die historische Fährstation an der Gaula.
In diesem norwegisch-roten Stabbur essen und schlafen die Gäste.

Gruppenbild mit zwei Damen. Von links Peter von Sassen, Chefredakteur des Nordseereport, Karon und John Wanvik, Kameramann Jörg Teiwes, Mario Krey, verantwortlich für Licht und Melli Arendt, verantwortlich für den guten Ton.

gefahren. Das steht also schon in Kleivan. „Ist Renate dort?", lautet Bernds erste Frage.

„Nein, Renate habe ich nicht gesehen, die ist mir auch nicht entgegen gekommen. In Kleivan wartet aber die NDR-Crew auf euch." Also muss Renate doch hinter uns sein. Wir beginnen laut zu rufen – keine Antwort. In diesem Moment tritt Renate aus dem Wald und winkt uns zu.

„Ich habe im Wald einen Abzweig verpasst und mich anschließend ganz einfach verlaufen. Aber dann sah ich einen Engel – und nun bin ich hier." Mehr will Renate nicht erzählen, weder Bernd noch mir. Ich meine aber, ein flüchtiges Strahlen in Renates Gesicht erkannt zu haben.

Kleivan in Buvika ist eine kleine wunderschöne Herberge mitten im Wald, die von Liv und Jonvald Aasad geführt wird. Die beiden Gastgeber führen uns hundert Meter von ihrer Herberge fort zu einem neuen überdachten Feuerplatz, von dem wir einen großartigen Blick auf den Trondheimsfjorden haben. Liv serviert eiskaltes Zitronenwasser und heißen Kaffee. Dazu gibt es leckere Pfannkuchen mit Marmelade. Liv und Jonvald tragen beide weiße T-Shirts mit einer blauen Blume als Markenzeichen von Kleivan. Zu dieser Herberge gehört ein richtiger botanischer Garten mit unzähligen seltenen Blumen und Bäumen. Und der Star in den bunten Rabatten ist ohne Zweifel der blaue tibetische Mohn, der hier bis zu einem Meter hoch wächst. In Tibet habe ich diese wunderschöne Blume dagegen nur winzig klein gesehen. Was für ein Geschenk an diesem paradiesischen Platz!

Von Kleivan führt der Olavsweg über eine feste Straße hinunter zum Fjord und dann noch wenige Kilometer am Wasser entlang zu einem alten historischen Fährplatz. Hier mündet die Gaula in den Fjord. Das war schon im Mittelalter ein bedeutender Verkehrs-

Links: Angekommen. Pastor Bernd Lohse und seine norwegische Kollegin Oddny Clara Andresen vor dem Pilgerzentrum in Trondheim.

Rechts: Am Pilgerziel treffen wir Teresa aus Polen wieder. Sie ist zusammen mit einer Freundin von Oslo nach Trondheim gelaufen und hat unseren Gottesdienst in Skaun besucht und durch ihre Lesung bereichert. So wird auf dem Olavsweg auch deutsch-polnische Freundschaft praktiziert.

knotenpunkt, an dem Schiffe und Boote anlegten. Außerdem befand sich hier ein Gasthaus und ein richtiger Marktplatz. Geblieben ist bis heute die Herberge Sundet und ihr Fährmann John. Die Gaula ist an dieser Stelle nur 300 m breit und die Herberge Sundet gård liegt am jenseitigen Ufer. John und Karon Wanvik führen die Herberge und auch den Fährbetrieb.

„Früher", so erzählt uns John, „gab es in Norwegen ein königliches Gesetz, das besagte, jeweils der nächstgelegene Hof an einer Wasserpassage ist für den geregelten Fährbetrieb verantwortlich. Dabei mussten alle Reisenden und natürlich auch Pilger dem Fährmann ein Entgelt zahlen. Ausgenommen waren Staatsbeamte und zu ihnen gehörte auch das Militär. Wenn Soldaten hier über den Fluss wollten, dann brauchte der Hof mindestens drei große Ruderboote für die Mannschaften, für die Wagen und für die Pferde. Und wenn das 1.000 Soldaten waren, dann war man eine gute Woche mit dem Fährdienst beschäftigt, ohne einen Cent zu verdienen. Mancher Hof ist damals an diesem Gesetz kaputt gegangen."

John hat schon auf unsere Gruppe gewartet und pendelt nun in seinem kleinen Ruderboot mehrfach hin und her, bis wir alle und auch das TV-Team drüben sind. Jeweils vier Pilger kann John in seinem Boot mitnehmen. In Sundet gård werden wir im historischen Stabbur untergebracht. Dort erwartet uns eine leckere Hochzeitssuppe und eingelegte Pflaumen als Nachtisch – und für die Nacht Doppelkojen. Das war früher durchaus üblich und John und Karon haben Sundet gård in alter Tradition wunderschön hergerichtet. Sundet gård gehört zum „Norwegischen Kulturerbe". Es ist hier unten am Wasser so warm und sonnig geworden, dass wir unsere Abendandacht trotz später Stunde draußen auf der kleinen Terrasse des Stabburs mit schönem Blick auf das Gaula-Tal durchführen können.

Nidaros – das Ende eines langen Weges

Am Jakobsweg gibt es fünf Kilometer vor Santiago de Compostela den Monto do Gozo, den Berg der Freude. Von hier aus sieht der Pilger zum ersten Mal die Türme der Kathedrale. Am Olavsweg läuft man trotz der Stadtnähe buchstäblich bis zur letzten Minute durch dichten Wald, über Loipen und an Sprungschanzen und kleinen Seen vorbei. Wir durchwandern ein Naherholungsgebiet der Trondheimer. Aber dann kommen wir nach Byåsen und plötzlich taucht der Fjord auf mit der berühmten Insel Munkholmen. Erste Wohnhäuser am Waldrand, feste Straßen und das Freilichtmuseum Sverresborg. Der Dom liegt unten am Wasser der Nidelva, wirklich an der tiefsten Stelle der Stadt. Deshalb müssen wir noch einige Straßenzüge bergauf laufen, bis zum Aussichtspunkt Feginsbrekka, das ist der „Seligkeitsberg". Erst von dort sehen wir zum ersten Mal unser Ziel, den grünen Turm und die Dächer des Nidarosdomes. Wir halten inne, schweigen und schauen und danken in einem kurzen Gebet für diesen großen Augenblick.

500 Kilometer sind Renate und ich bis hierher gelaufen, 30 Tage lang bei brennender Sonne und im Dauerregen.

250 km – zwei Wochen lang – waren Bernd und unsere Pilgerfreunde unterwegs. Jetzt sind wir alle am Ziel. Wir steigen zur Nidelva hinunter und sammeln uns vor dem Dom am Olavsbrunnen. Bernd segnet jeden Einzelnen von uns mit dem frischen Brunnenwasser.

„Nimm hin das Zeichen des Kreuzes, du gehörst zu Christus und Christus gehört zu dir."

Erst nach diesem Pilgersegen stürmen wir die letzten Stufen zum Dom hinauf und umrunden das gewaltige Gotteshaus drei Mal singend und mit Tränen des Glücks in den Augen, für die sich niemand schämt.

Lobe den Herrn, meine Seele,
und Seinen hochheiligen Namen.
Was Er dir Gutes getan hat,
Seele vergiss es nicht, Amen.

Der Herr sprach zu Abraham: Geh aus deinem Vaterland und
von deiner Verwandtschaft und aus deines Vaters Hause in ein Land,
das ich dir zeigen will. Buch Moose, 12,1

Abraham ist der Aufforderung gefolgt und wurde so zum ersten Pilger auf Erden. Wir haben es ihm nachgemacht und sind nach Nidaros gegangen. Durch weite Täler und über hohe Berge. Als Pilger. Pilger sind Fremde auf der Durchreise; peregrinos. Auf dem Jakobsweg haben wir das auch so empfunden. Wir blieben Fremde auf der Durchreise, auf einem langen Weg. Nur andere Pilger, die mit uns zusammen in der Sonne der Meseta und im Regen Galiciens unterwegs waren, wurden zu Freunden. Auf dem Olavsweg ist das anders. Die Norweger sind neugierig. Sie wollen wissen, wer zu ihnen kommt, wer über diesen neuen Kulturweg läuft. Sie schauen sich diese Pilger sehr genau an und deshalb blieben wir nie Fremde auf der Durchreise. Wir haben in den Herbergen, Höfen und Pilgerzentren sehr viele Freunde gewonnen. Bis tief in die Nächte hinein haben wir mit ihnen geplaudert, ihre Geschichten gehört oder in ihren Kapellen zusammen mit den Norwegern gebetet. Diese Gespräche und das gegenseitige Kennenlernen gehören auch zu den Schätzen des Olavsweges, genauso wie die rauschenden Wasserfälle, die blühenden Wiesen, die windgepeitschten Hochebenen auf dem Fjell – und die erlebte Stille dazwischen, über die Anselm Grün sagt:

„Eine reine und klare Stille nimmt uns unseren Hunger. Sie stillt des Herzens Verlangen. Sie ist das wahre Glück des Menschen".

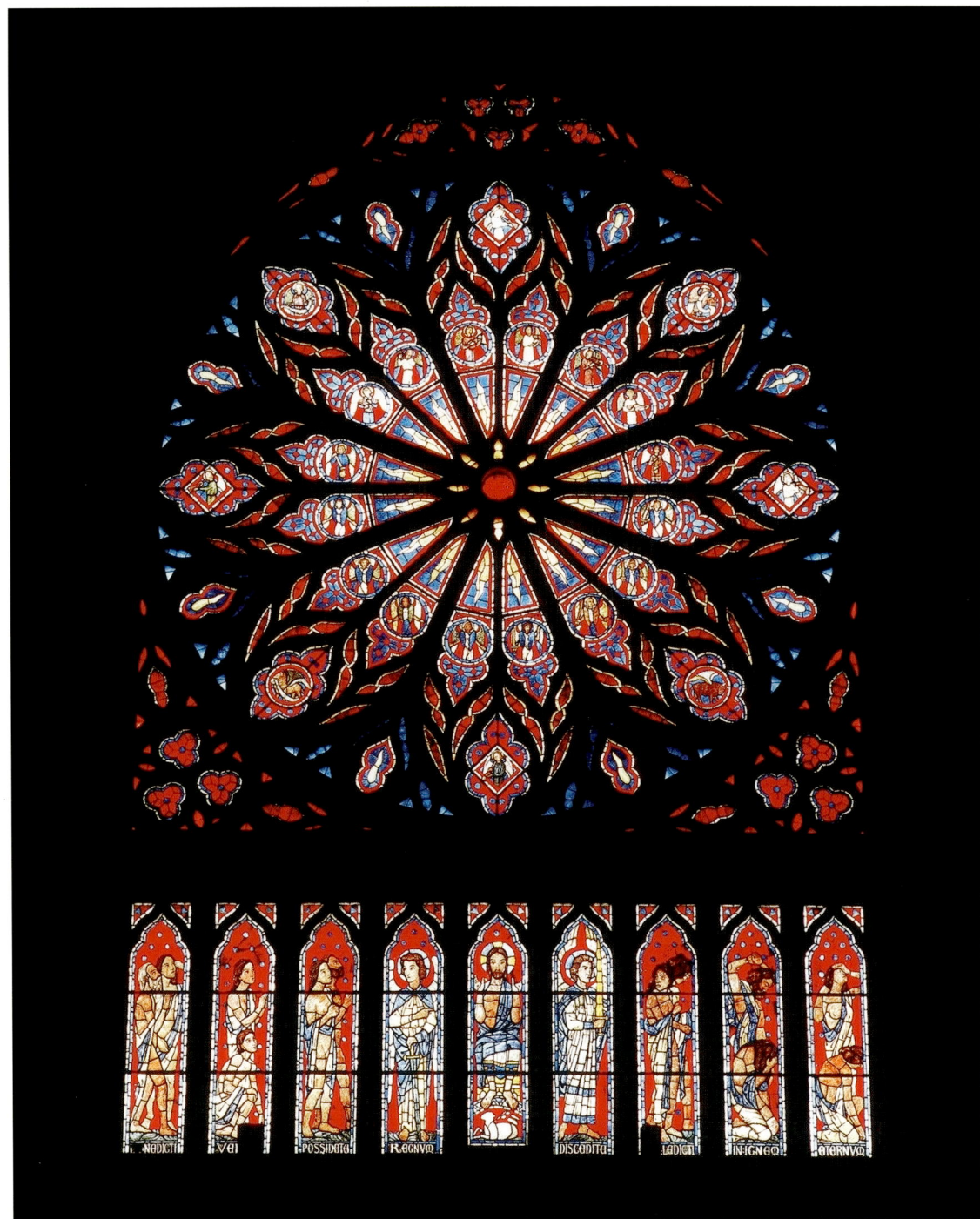

*Trete mit Dank
durch seine Tore ein!*

*Kommt mit Lobgesang
in die Vorhöfe seines
Tempels!*

*Dankt ihm, preist
seinen Namen.*

Psalm 100,4

Die Kathedrale hatte bereits im Mittelalter
Glasmalereien. Aber alle wurden durch
Brände und Verfall zerstört. Dieses
Rosettenfenster an der Westfassade wurde
1930 fertig gestellt. Der Durchmesser
beträgt 8 m. Die 12 m hohe Fensterpartie
besteht aus ca. 10.000 Glasstücken.
Der rote Mittelpunkt der Rosette
symbolisiert Christus, umgeben von
singenden und musizierenden Engeln.
Die 9 Spitzfenster zeigen Christus
beim Jüngsten Gericht.

Das Kirchenschiff des
Nideros-Domes ist
50 m lang nd 21 m hoch.

In der östlichen Oktonkapelle steht eine
Kopie des „Olavsfrontale" – das Original ist
im Kathedralen-Museum ausgestellt.
Dabei handelt es sich um das wichtigste
Kunstwerk im Trondheimer Dom. Die Altar-
verkleidung wurde ca. 1300 gemalt und
im 17. Jahrhundert in die königliche Kunst-
kammer Kopenhagen gebracht. Erst
1930 hat Dänemark das „Olavsfrontale"
Norwegen zurückgegeben.
Das über 700 Jahre alte Kunstwerk zeigt
in der Mitte St. Olav mit seinem Heiligen-
emblem – der Axt – in der rechten Hand
und dem Reichsapfel in der linken.
Er trägt den Heiligenschein und ist Rex
perpetuus Norvegiae – Norwegens ewiger
König. In jeder der vier Ecken ist eine
Szene vom Ende seines Lebens dargestellt –
nach Berichten des Skalden Snorri Sturluson:
Unten links: Auf dem Weg nach Stiklestad
bei Trondheim, wo König Olav die
Heiden besiegen und Norwegen zu einem
christlichen Reich vereinen wird, gibt
er einem Bauern einen Beutel Geld.

Damit sollen die Seelen seiner Gegner gerettet werden, die bei der Schlacht fallen werden.

Seine eigenen Männer brauchen keine Fürbitte, denn ihnen ist der Himmel bereits gewiss. Oben links: Olavs Traum vor der Schlacht. Darin sieht er eine von der Erde zum Himmel reichende Leiter. Am Ende der Leiter steht der segnende Christus. Ein Omen, das Olav in der Schlacht fallen wird.

Unten rechts: Olavs Tod in der Schlacht von Stiklestad am 29. Juli 1030. Olav hat sich von Schild und Schwert befreit und stirbt wie ein Heiliger – ohne Widerstand.

Oben rechts: Olavs Einsargung, nachdem er im Jahr 1031 zum Heiligen erklärt worden war. Die drei tödlichen Wunden sind sichtbar. Olav trägt eine Krone und hat ein Kissen unter dem Kopf. Die beiden Bischöfe besprengen den Heiligen mit Weihwasser und Öl. Die Abmessungen des „Olavsfrontale" betragen 108 x 96 cm.

Epilog – Hundorp

Auf der Rückfahrt von Trondheim nach Oslo halten wir noch einmal in Hundorp im Gudbrandsdal, weil uns dieser historische Ort so gefällt und denken darüber nach, wie es wohl nach König Olav weitergegangen ist. Norwegen war christlich geworden, über Olavs Grab hatte man den gewaltigen Nidarosdom gebaut und nach Olavs Heiligsprechung begann das Pilgern in Norwegen. Aber da gab es keinen Snorri, der recherchiert und alles aufgeschrieben hat. Es existieren keine Pilgertagebücher aus dem Mittelalter wie beim Jakobsweg. Dafür erzählt uns Sigrid Undset (1882 – 1949; Nobelpreis für Literatur 1928) in einem Roman eindrucksvoll, wie frühes Pilgern auf dem Olavsweg ausgesehen hat. Unter der Gedenksäule in Hundorp blättert Renate in dem fast tausendseitigen Werk und beginnt zu lesen:

„Kristin folgte rasch dem Waldpfad über den Hang hinauf. Die Sonne stand jetzt hoch, und die Tannenwipfel schimmerten gegen den Sonnenhimmel, aber hier im Wald war es noch morgenkühl und frisch. Der Geruch nach Fichten und mooriger Erde und nach dem Scharlachkraut, das überall mit kleinen hellroten Zwillingsglocken in Blüte stand, erfüllte die Luft so gut, und der grasüberwucherte Pfad war feucht und weich und tat den Füßen wohl. Kristin sprach im Dahingehen ihre Gebete, und ab und zu blickte sie zu den kleinen weißen Gutwetterwolken, die im Blau über den Baumwipfeln schwammen. Sie musste die ganze Zeit an ihren Bruder Edwin denken, so war er gewandert und gewandert, jahraus und jahrein, von der ersten Frühjahrszeit bis zum Spätherbst. Die Bergpfade entlang, durch schwarze Schluchten und unter weißen Schneefirnen dahin. Er rastete auf Almen, trank aus Bächen und aß dazu von dem Brot, das Senninnen und Pferdehirten ihm heraus trugen. Dann bot er Lebewohl und wünschte Gottes Frieden und Segen auf Menschen und Vieh herab. Über rauschende Waldhänge stieg der Mönch ins Tal hinab, hager und lang, mit gebeugtem Rücken und gesenktem Kopf wanderte er die Straße entlang, vorbei an bebauten Höfen und Wohnplätzen – und hinter ihm blieb überall, wohin er kam, wie gutes Wetter seine liebevolle Fürbitte für alle Menschen zurück.

Kristin begegnete keinem lebenden Wesen außer ab und zu ein paar Kühen – auf diesen Bergrücken lagen Almen. Aber der Steig war gut, und über die Moore waren Knüppeldämme gelegt. Kristin fürchtete sich nicht – sie hatte das Gefühl, als schreite der Mönch unsichtbar an ihrer Seite.

Bruder Edwin, wenn es wahr ist, dass du ein heiliger Mann bist, wenn du jetzt vor Gottes Angesicht stehst, dann bitte für mich! Sie sehnte sich nach dem Ziel der Wanderung, sie sehnte sich danach, die Bürde der jahrelang verborgen gehaltenen Sünden, das Gewicht der Messen und Gottesdienste, die sie besucht hatte, ohne Beichte und unbußfertig, von sich werfen zu dürfen, sie sehnte sich danach, frei und gereinigt zu werden, mehr noch, als sie in diesem Frühjahr, da sie den Knaben unter dem Herzen trug, sich danach gesehnt hatte, von ihrer leiblichen Bürde erlöst zu werden. Der Knabe schlief so gut und ruhig auf dem Rücken der Mutter. Er erwachte nicht eher als bis sie durch den Wald zu den Snefuglhöfen hinunter gekommen war und nun über Budviken und den Fjordarm bei Saltnes blicken konnte. Dort setzte sie sich auf die Erde, holte das Bündel mit dem Kinde nach vorn in den Schoß und öffnete ihren Kittel an der Brust. Es tat gut, den Knaben anlegen zu können, es tat gut, sitzen zu dürfen, es war herrlich, im ganzen Körper zu fühlen, wie die steinharten, milchprallen Brüste sich leerten, während der Knabe daran trank. Von Saltnessand durfte sie sich mit dem Boot nach Steine hinüberrudern lassen. Jetzt befand sie sich in ganz unbekannten Gegenden. Ihr Kopf

juckte entsetzlich, weil sie unter dem dicken Friestuch so stark
schwitzte. Und rund um die Mitte, wo der Strick ihre Kleider
an den Körper drückte, hatte das Hemd auf der Haut gescheuert,
so dass sie sicher schon wund war.

Mit der Zeit belebte sich der Weg. Sie holte einen Bauernwagen
mit Waren nach der Stadt ein, die schweren Scheibenräder rumpel-
ten und polterten über Wurzeln und Steine, schrien und kreisch-
ten. Zwei Männer zerrten ein Stück Schlachtvieh hinter sich her.
Sie betrachteten die junge Pilgerin ein wenig wegen ihrer Schönheit, im übrigen waren aber die Leute in dieser Gegend an solche
Wanderer gewöhnt.

Kristin stand auf Feginsbrekka und sah die Stadt in goldener
Abendsonne unter sich liegen. Längs den breiten, glänzenden Win-
dungen des Flusses lagen braune Höfe; sie sah die dunklen Laub-
kuppeln in den Gärten und helle Steinhäuser mit gezackten
Giebeln. Aber über dem grünen Land, über der herrlichen Stadt
erhob sich die Christkirche so riesenhaft und strahlend hell, dass
gleichsam alles ihr zu Füßen lag. Die Abendsonne mitten auf der
Brust und mit blitzendem Fensterglas, mit Türmen und schwin-
delnd hohen Spitzen und goldenen Wetterfahnen stand sie da und
deutete in den hellen Sommerhimmel hinauf. Überwältigt,
schluchzend brach die junge Frau vor dem Kreuz am Wegrand
zusammen, dort, wo Tausende von Pilgern gelegen und Gott dafür
gedankt hatten, dass helfende Hände sich den Menschen auf ihrer
Fahrt durch die gefährliche und schöne Welt entgegenstreckten.
In Kirchen und Klöstern läutete es zur Vesper, als Kristin den
Christkirchhof betrat. Einen Augenblick wagte sie am Westgiebel
der Kirche hinaufzuspähen – dann schlug sie geblendet die Augen
nieder. Dieses Werk hatten nicht Menschen aus eigener Kraft
zustande gebracht, hier hatte Gottes Geist durch den heiligen

Kristin Lavranstochter, die Romanfigur von
Sigrid Undset, steht als eindrucksvolles Denkmal im
Gudbrandsdal vor der Kirche Nord-Sel.

Öistein und durch die Baumeister, die ihm folgten, gewirkt.
Zu uns komme dein Reich, dein Wille geschehe, wie im Himmel
also auch auf Erden – jetzt verstand sie die Worte."
An dieser Stelle unterbricht Renate ihre Lesung und schlägt das
dicke Buch zu.

„Wann war Kristin unterwegs?"

„Ich glaube, das war im 14. Jahrhundert. Ich werde diesen Roman
noch einmal lesen, jetzt, nachdem wir den Weg gegangen sind und
alle Orte persönlich kennen."

„Ich finde, Sigrid Undset hat wirklich schön geschrieben und den
Nobelpreis sehr wohl verdient. Was wäre aus den Geschichten
des Olavsweges geworden, wenn es nicht Männer und Frauen wie
Snorri Sturluson und Sigrid Undset gegeben hätte!

Wie dieses Buch entstanden ist

Wir sind vor Jahren 800 km weit über den spanischen Jakobsweg gelaufen und haben dabei die Erfahrung gemacht, dass man entweder pilgern kann oder fotografieren. Beides zusammen ist nicht möglich. Deshalb müssen Kompromisse gefunden werden. Und die sahen am Jakobsweg so aus: Ein Jahr vor unserer Wanderung sind wir im Wohnmobil bis Santiago de Compostela gefahren und haben alle wichtigen Kulturdenkmäler mit großer Ausrüstung, die wir als Pilger ja gar nicht alleine tragen konnten, professionell aufgenommen.

Durch den Kriminalroman von Bernd Lohse *Familienbande* (2001 erschienen im Friedrich-Wittig-Verlag, Kiel) sind wir auf den Olavsweg gestoßen. Unsere Fototaktik konnten wir leicht von unseren Erfahrungen auf dem Jakobsweg kopieren. Aber beim Olavsweg tauchten neue Schwierigkeiten auf. Während der Jakobsweg hundertfach publiziert ist, gibt es über den Olavsweg kaum Informationen. Die fanden wir durch eine Kette von Zufällen. Im Jahr 2009 wurde der Geschäftsführer von Hurtigruten in Hamburg verabschiedet. Aufgrund unserer langjährigen Zusammenarbeit mit dieser „schönsten Seereise der Welt" bekamen wir eine Einladung und trafen dort Kirsten Schultz, die lange in Hamburg für Hurtigruten gearbeitet hat und jetzt in Trondheim lebt.

„Ihr wollt auf den Olavsweg, da müsst ihr unbedingt May Britt Hansen kennenlernen. Die weiß alles über dieses Projekt und wird euch weiterhelfen."

Der E-Mail-Kontakt zu May Britt war schnell hergestellt. Sie lud uns spontan nach Trondheim zu einem fürstlichen Arbeitsfrühstück im Rica-Hotel ein und stellte uns dort gleich mehreren Frauen und Männern vor, die alle an dem neuen Projekt Olavsweg arbeiten. Jeder von ihnen wusste neue Kontaktadressen für die einzelnen Wegabschnitte. Dann flatterte uns der Pilgerplan von Bernd Lohse auf den Schreibtisch. Wir meldeten uns fest an. Schließlich sagte uns die Firma Hymer ein bequemes Wohnmobil aus ihrem Pressepool zu. Im Mai 2010 fuhren wir mit dem Wohnmobil nach Hamar, parkten vor der Domruine und sahen am Abend einen Mann auf unser Fahrzeug zuschlendern.

„Mein Name ist Steinar Bjerkestrand. Ich bin Direktor des Hedmarkmuseums und erstaunt, denn ihr seid das erste Wohnmobil in diesem Jahr. Nach dieser Feststellung fing ich an zu denken und bin zu dem Schluss gekommen, dass ihr die beiden deutschen Fotografen sein müsst. Wir haben morgen einen Gesprächstermin, dazu hat sich auch Olger Rønningen aus Lillehammer angemeldet. Euer Fotografenruhm ist euch schon vorausgeeilt!"

In diesem Stil ging es weiter, Tag für Tag. Wir lernten immer mehr Norweger kennen und arbeiteten uns langsam bis Trondheim vor. Dabei fotografierten wir Kirchen von außen und innen – mit professioneller Beleuchtung und schweren Shiftobjektiven, die stürzende Linien „aufrichten" können. Gleiches gilt auch für die vielen historischen Herbergen. Die Pastoren und Herbergsbesitzer hatten immer Zeit für uns, weil wir vor der Pilgersaison unterwegs waren. Das Wohnmobil machte uns so beweglich, dass wir zwischen den Motiven gut hin und her pendeln konnten. Deshalb befinden sich im Buch auch Bilder, auf denen noch Schnee zu sehen ist. Die sind alle auf der Vorreise entstanden. Am 1. Mai riefen wir gegen Mittag Hans-Jacob Dahl an und fragten schüchtern, ob er uns trotz des Feiertages die kleine Eystein-Kirche aufschließen könne.

„Selbstverständlich, ich habe schon von euch gehört und bin informiert. Ich brauche allerdings 45 Minuten von meinem Wohnhaus bis zur Kirche. Wartet dort auf mich."

Wir fotografierten die Kirche von innen und entschuldigten uns noch einmal für die Störung am Feiertag.

„Kein Problem, ihr müsst aber unbedingt auch meine Kirche in Dovre fotografieren. Wir werden jetzt dorthin fahren, unterwegs gibt es ein schönes Lokal – Dovregubbens-Hall. Ich werde euch zum Essen einladen und dann fahren wir zusammen weiter nach Dovre. Ist das o.k.?"

Tage später sind wir in der kleinen Skaun-Kirche und stehen vor dem 800 Jahre alten Altarbild. Vor ihm ist eine Glasscheibe zum Schutz der historischen Kostbarkeit angebracht, in der sich alle Lampen spiegeln.

„Wenn die stört, dann baue ich sie ab. Das dauert nicht lange."

Der freundliche Hausmeister der gegenüberliegenden Schule holte seinen Werkzeugkasten und in wenigen Minuten war die Glasscheibe entfernt.

So ist der Olavsweg, so sind die Leute in Norwegen. Wir kehrten also mit einer ersten guten Bildausbeute zurück nach Deutschland und konnten uns beim Pilgern mit nur kleinem Fotogepäck im Rucksack auf den Weg und das Gehen konzentrieren.

Auf unserer Vorreise zum Olavsweg waren wir mit einem komfortablen Hymer-Wohnmobil unterwegs und konnten mit großer Ausrüstung wichtige Kulturdenkmäler von außen und innen fotografieren. Hier steht unser Wohnmobil vor dem Restaurant und Hotel Dovregubbens Hall auf dem Dovrefjell.

Atlantik

NORWEGEN

SCHWEDEN

Trondheimsfjorden
Trondheim/
Nidaros

Dovrefjell
Nat. Park

Oppdal

Nordfjord

Reinheimen
Nat. Park

Dombås

Dovre Nat. Park

Dovre

Sognefjord

Otta

Rondane Nat. Park

Ringebu

Olavsweg

Jotunheimen

Lillehammer

Ostsee

Bergen

Gjøvik

Hamar

Mjösasee

Eidsvoll

Gudbrandsdalweg West

Gudbrandsdalweg Ost

Tyrifjorden

Bønsnes

Oslo

Stockholm

Hardanger Fjord

100 km

Vänernsee

Vätternsee

DÄNEMARK

Die Suche nach der Blauen Blume

Die Blaue Blume ist Symbol für die Sehnsucht nach dem Unbekannten, nach dem Fremden.
Joseph von Eichendorff hat der Blauen Blume ein Gedicht gewidmet (1818).

Ich wandere schon so lange, hab lang gehofft, vertraut.
Doch ach, noch nirgends hab ich die Blaue Blum' geschaut.

Hundert Jahre später haben die Wandervögel gesungen:

Es blüht im Walde tief drinnen die Blaue Blume fein, die Blume zu gewinnen, zieh'n wir in die Welt hinein.

Und die 68er Studentenbewegung hatte die Losung ausgegeben: „Schlagt die Germanistik tot, färbt die Blaue Blume endlich rot!"

Gott sei Dank ist es nicht so weit gekommen und die Romantiker dieser Welt können weiter suchen. Wir haben die Blaue Blume gefunden,
bei Liv und Jonvald in Kleivan – und damit auf dem Olavsweg. Der norwegische Lyriker Rolf Jacobsen hat uns den Weg zur Blauen Blume vorgezeigt:

Schau öfter nach Norden ... Geh gegen den Wind, das gibt rotere Backen ... Such den unwegsamen Pfad. Folge ihm ...

Benutzte und weiterführende Literatur

Lohse, Bernd: Familienbande, Friedrich Wittig Verlag, Kiel 2002

Lohse, Bernd: Pilgern auf Olavs Spuren, Hauptkirche St. Jacobi, Hamburg 2009

Grün, Anselm: Jeder Tag ein Weg zum Glück, Verlag Herder, Freiburg 2009

Wolf, Notker: Wohin pilgern wir, Verlag Rowohlt, Hamburg 2009

Undset, Sigrid: Kristin Lavranstochter, Bertelsmann Lesering, Gütersloh

Sturluson, Snorri: Snorris Königsbuch 2. Band, Eugen Diederichs Verlag, Düsseldorf 1965

Ekroll, Østein: Der Nidaros Dom, Nidaros Domkirkes Restaureringsarbeiders forlag, Trondheim 2006

Auf den Spuren der Pilger nach Trondheim, Tapir Academic Press, Trondheim 2008

Auf und werde, Lutherische Verlagsgesellschaft, Kiel 2009

Weyer, Helfried und Renate, Jakobsweg, Verlag Herder, Freiburg 2009

Weitere Informationen über den Olavsweg finden Sie bei:

www.olavsweg.de, www.pilegrim.info

Pilgerpastor Bernd Lohse:

Telefon 0 40 / 30 37 37 13, www.jacobus.de, lohse@jacobus.de

Die Autoren Renate und Helfried Weyer stehen auch für Lesungen und Vorträge zu diesem und anderen Themen zur Verfügung: www.helfried-weyer.de, weyer@helfried-weyer.de

Danksagung

Dieses Buch konnte nur mit Hilfe vieler Menschen und Institutionen entstehen.
Ihnen allen sagen wir herzlichen Dank und ganz besonders der Firma Hymer AG in
Bad Waldsee und Kirsten Schultz – May Britt Hansen – Knut Lillealtern –
Eimund Fossum – Berrit Lånke – Bernd Lohse – Hans-Jacob Dahl – Steinar Bjerkestrand –
Olger Rønningen – Per Gunnar Hagelien – Christiane und Laurits Fokstugu –
Peter von Sassen und seiner TV-Crew – Randi Nordby – Karen Graaten –
Anne-Marie und Trond Skåden – Gertrud und Alv Lillelien – Ole Christian Rudland –
Oda Marie Landheim – Børge Dahle – Unni Larsen – Liv und Jonvald Aastad –
Jon und Karon Wanvik – Kapitän Harald P. Rasmussen – Hilda und Stig Grytting –
Åshild Killi – Lars Smestadmoen – Ingrid Meslo – Paul Ullern –
Ole Amund Gillebo sowie Bigi und Franz Alt für ihr schönes Vorwort.

Impressum

Umwelthinweis:
Der Inhalt dieses Buches wurde auf Papier mit chlorfrei gebleichtem Zellstoff gedruckt. Das Einbandmaterial ist recyclebar.

Die Deutsche Bibliothek – CIP Einheitsaufnahme

Olavsweg
Renate und Helfried Weyer
Steinfurt; Tecklenborg Verlag, 2010
ISBN: 978-3-939172-73-4
1. Auflage 2010
© 2010 by Tecklenborg Verlag
Siemensstraße 4, D-48565 Steinfurt

Gesamtherstellung: Druckhaus Tecklenborg, Steinfurt

ISBN: 978-3-939172-73-4